江西省哲学社会科学成果文库

JIANGXISHENG ZHEXUE SHEHUI KEXUE CHENGGUO WENKU

中国区域经济增长中的空间影响研究

STUDY ON THE UNDERLYING SPATIAL EFFECT
IN REGIONAL ECONOMIC GROWTH IN CHINA

陈 斐 著

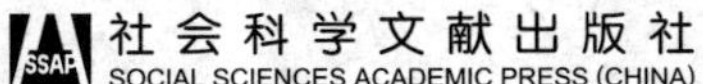

依托项目：教育部人文社会科学研究规划基金项目（10YJA790015）

国家自然科学基金项目（41661027）

总 序

作为人类认识世界和改造世界的重要工具，作为推动历史发展和社会进步的重要力量，社会科学承载着“认识世界、传承文明、创新理论、资政育人、服务社会”的特殊使命。在中国实施全面建成小康社会、全面深化改革、全面推进依法治国、全面从严治党的关键时期，以创新的社会科学成果引领全民共同开创中国特色社会主义事业新局面，进一步增强中国特色社会主义道路自信、理论自信、制度自信，为经济、政治、社会、文化和生态的全面协调发展提供强有力的思想保证、精神动力、理论支撑和智力支持，这是时代发展对社会科学的基本要求，也是社会科学进一步繁荣发展的内在要求。

江西素有“物华天宝，人杰地灵”之美称。千百年来，勤劳、勇敢、智慧的江西人民，在这片富饶美丽的大地上，创造了灿烂的历史文化，在中华民族文明史上书写了辉煌的篇章。在这片自古就有“文章节义之邦”盛誉的赣鄱大地上，文化昌盛，人文荟萃，名人辈出，群星璀璨，他们创造的灿若星辰的文化经典，承载着中华文明成果，汇入了中华民族的不朽史册。作为当代江西人，作为当代江西社会科学工作者，我们有责任继往开来，不断推出新的成果。今天，我们已经站在了新的历史起点上，面临许多新情况、新问题，需要我们给出科学的答案。汲取历史文明的精华，适应新形势、新变化、新任务的要求，创造出今日江西的辉煌，是每一个社会科学工作者的愿望和孜孜以求的目标。

社会科学推动历史发展的主要价值在于推动社会进步、提升文明水平、提高人的素质。然而，社会科学自身的特性又决定了它只有得到民众的认同并为其所掌握，才会变成认识和改造自然与社会的巨大物质力量。因此，社会科学的繁荣发展及其作用的发挥，离不开其成果的运用、交流与广泛传播。

为充分发挥哲学社会科学研究优秀成果和优秀人才的示范带动作用，促进江西省哲学社会科学繁荣发展，我们设立了江西省哲学社会科学成果出版资助项目，全力打造《江西省哲学社会科学成果文库》。

《江西省哲学社会科学成果文库》由江西省社会科学界联合会设立，资助江西省哲学社会科学工作者的优秀著作出版。该文库每年评审一次，通过作者申报和同行专家严格评审的程序，每年资助出版30部左右代表江西现阶段社会科学研究前沿水平、体现江西社会科学界学术创造力的优秀著作。

《江西省哲学社会科学成果文库》涵盖整个社会科学领域，要求进入文库的是具有较高学术价值和具有思想性、科学性、艺术性的社会科学普及和成果转化推广著作，并按照“统一标识、统一封面、统一版式、统一标准”的总体要求组织出版。希望通过持之以恒地组织出版，持续推出江西社会科学研究的最新优秀成果，不断提升江西社会科学的影响力，逐步形成学术品牌，展示江西社会科学工作者的群体气势，为增强江西的综合实力发挥社会科学的积极作用。

近期，中共江西省委出台了《关于进一步繁荣发展哲学社会科学的意见》，要求继续做好社科文库出版资助工作。我们将以更高的标准，更严的要求，全力将《江西省哲学社会科学成果文库》打造成立得住、叫得响、传得开、留得下的精品力作。

祝黄河

2015 年 8 月

前　言

顾及空间影响的中国区域经济增长及其收敛性分析是当前我国空间计量经济学研究的前沿问题。本书研究结合了 ESDA 技术、空间相关性分析、空间面板模型分析等，在系统综述了国内外研究进展的基础上，将全国分为东部、东北、中部、西北、西南五大区域，从省级、地市级两个空间尺度以及两个时间阶段分析了中国区域经济增长的空间相关性及其动态变化、经济增长收敛特征，构建了索洛－斯旺新古典经济增长空间面板模型，验证并说明了中国区域经济增长的空间影响的显著性及其影响效应。

本书的主要工作包括三个方面：一是采用省、地市两级数据研究了全国和五大区域的区域经济增长空间关联特征，解释了不同尺度的空间效应对中国区域经济增长的影响。二是比较系统地分析了中国区域经济增长的收敛性及其时间和空间特征，据此提出了区域经济差距调控的政策建议。三是构建了索洛－斯旺经济增长空间面板模型，并进行了计量分析。研究结论较好地说明了空间因素或空间位置关系在中国区域经济增长中的作用。分析基本落实到了全国所有地市单元层面，五大区域的比较分析非常翔实，这也是在实证方面看到的一个比较好的探索。

本研究对于空间影响与经济增长稳态水平的假说及其验证方面具有一定的学术探索价值，对中国区域经济增长中的空间影响的解释及其拓展分析具有重要的实践参考价值，特别是在地区比较方面，比较翔实地分析了各大区域的空间相关模式的变化与差异，为验证中国区域经济增长中的空间影响的显著性及其收敛效应提供了很好的理论与实证结合的案例。

目 录

第一章　绪论

1.1　研究背景与意义

1.1.1　研究背景

改革开放以来，伴随着区域非均衡发展战略和开放经济政策的实施，中国经济保持了快速增长态势，各区域的经济发展水平与人均收入得到了显著的提升。然而，经济发展的区域差距仍然有逐渐增加的趋势。如 2000 年东部沿海地区人均 GDP 和西部内陆地区人均 GDP 相差 7000 元，2010 年这个差距已扩大到 21000 元。众多学者考察了 20 世纪 80 年代和 90 年代以来我国区域经济差距的变动趋势，得出了基本一致的结论：物质资本、劳动力、人力资本等生产要素的地区差异，制度、市场化水平的差异以及结构变动等因素，是导致区域经济差距扩大、阻碍区域协调发展的主要因素。20 世纪 90 年代以来，区域经济增长收敛性研究也为中国区域经济增长差距变化的分析及其综合解释提供了一条有效途径。

进入 21 世纪以来，国家开始倾向于解决区域公平问题，提出科学发展观，统筹区域、统筹城乡发展，实施区域协调发展战略，促进落后地区加快发展，协调区域经济的发展。先后实施了西部大开发、促进中部崛起、振兴东北老工业基地长江经济带建设等战略，加强区域经济结构的合理性，促进区域协调发展。2010 年我国提出“实现包容性增长，切实解决经济发展中出现的社会问题”；由追求国富转变为追求民富，关注缩小贫富差距；促进效率、增加公平，逐步缩小区域差距，使国民经济又好又快发展。

对于区域收入差距的研究，研究者采用的分析方法涉及基尼系数、区域人均收入差距比、区域人均 GDP 差距比等总体性、一般性指标和方法，也涉及综合反映区域差距的泰尔系数的使用，同时认为区域经济增长收敛性研究为区域经济差距变化的分析及其综合解释提供了一条有效途径。

自 20 世纪 90 年代中期以来，国内关于区域经济增长收敛性的研究逐渐增多。魏后凯（1997）作为较早研究这一问题的学者之一，与蔡昉和都阳（2000）、林毅夫和刘明兴（2003）等学者的研究得到一个相似的结论，即经济增长的阶段性收敛与中国的改革开放政策的推进在时间和空间上相关。胡鞍钢和邹平（2000），罗仁福、李小建等（2002）考察了人均 GDP 增长率与初始人均 GDP 的负相关关系，他们认为自改革开放以来，中国经济不存在 β 绝对收敛，而存在 β 条件收敛，但是由于他们采取的研究方法不同，模型控制变量也有差异，因此得到的收敛速度不同。刘强（2001）的研究表明区域经济增长的收敛效应在国家水平下很弱，而在某些地区层面正在增强：从东、中、西三个层面分别来看，在不同的时间段，收敛效应一直存在。沈坤荣和马俊（2002）的研究表明，改革开放以来，东、中、西三大区域内经济增长存在收敛，而且三大地区间的差距没有缩小反而在不断扩大。根据覃成林（2004）和徐现祥、舒元（2005）的研究，经济增长的收敛变化存在阶段性波动，中国 1978 ~ 1990 年存在区域经济增长的 σ 收敛，但 1990 年以后不存在这种 σ 收敛。随着空间计量经济学在新古典经济增长模型上的应用，吴玉鸣（2006）采用纳入了空间自相关的空间误差模型研究我国省域经济增长的β收敛过程。林光平、龙志和与吴梅（2006）采用空间滞后模型研究省级经济增长σ收敛，认为在初始模型中考虑空间权重矩阵W和空间自相关后，区域经济增长的收敛显著性加强，表明空间结构对区域经济收敛研究的作用不可忽视，并得出中国区域经济增长收敛存在波动性变化的结论。

经济收敛的存在性、收敛速度变化等课题吸引了许多学者，为政府经济决策制定和区域规划提供了有益的理论支持和政策启示。因此本书研究通过在经典方程中加入适宜的解释变量，从不同层面研究收敛性，关注区域经济增长收敛的长期变化趋势及其影响因素，有利于发现控制区域经济增长的关键因素，提出宏观区域发展建议与措施。正是基于这样的背景，本书也从我国区域经济差异的收敛性及对差距控制进行研究的角度对我国地区差距问题进行了分析。

实际上，作为影响经济增长的重要因素，空间影响（地理单元空间位置关系）在区域经济增长中的作用不容忽视。关于空间影响因素对区域经济增长作用的研究与起源于20世纪60年代的空间数据分析研究的发展密切相关。近20年来，随着探索性空间数据分析（ESDA）、空间计量经济分析理论与方法的发展，空间影响因素对区域经济增长与发展作用的研究逐渐被广大区域科学、经济地理学研究者所关注，促进了研究者将经济体间的地理位置空间关系或者空间相互作用纳入经济增长影响的研究中，从理论与实证角度验证或支持了潜在的空间影响将影响区域经济增长的假说。因此本书研究的主要内容之一是基于探索性空间数据分析中的空间统计分析技术，对中国区域经济增长的空间集聚与空间相关模式进行分析，综合分析全国及五大区域经济增长的空间集聚特征，并对五大区域经济增长的空间相关模式进行比较。

另外，空间计量经济学的发展及其在空间面板数据环境中的拓展，为区域经济增长的空间分析提供了一个更为令人满意的解释，即在研究区域经济增长时，不应该只注意区域本身的要素变量对经济增长的影响，而应该将区域经济体之间的相互影响考虑在内。区域经济体的空间位置能够影响该区域的经济增长，这一假说获得了索洛－斯旺扩展模型的理论支持，同时也有大量的文献从实证角度支持了该假说。但是总体上说，实证文献一方面大多是以省级行政区为基本分析单元的，单纯从理论推导上而言，大多数研究者对基于省级尺度的研究结论的解释比较有说服力，然而尺度选取偏大导致研究结论的参考性和实践意义有待商榷；另一方面多是采用横截面数据进行的分析，采用面板数据的分析少之又少。相对于横截面数据而言，面板数据的优点在于内容更加丰富、数据变化更加多端、变量间的多重共线性大大减少，同时数据的自由度显著增多，使估计效率有所提高，而且面板数据模型还可以控制个体的异质性，包括横截面数据无法观测到的效应。因此，针对上述问题，本书的研究以地市为分析单元，采用面板数据模型方法，从省级、地市级层面的研究尺度出发，采用空间面板数据模型，考察空间计量经济视角下的中国区域经济增长特征并比较全国和五大区的区域经济增长的差异及其特点。

1.1.2 研究价值与意义

本书的研究将全国分为东部、东北、中部、西北、西南五大区域，结合区域经济增长的空间相关分析、区域经济增长的收敛性分析以及空间计量经济分析在空间面板数据环境中的拓展，从省级、地市级层面探讨中国区域经济增长的空间相关性、空间位置关系对经济增长收敛性变化的影响等，具有一定的学术探索价值与重要的实证研究意义。主要体现于以下几点。

①从全国层面和东部、东北、中部、西北、西南五大区域地市单元层面，开展多个研究区域经济增长空间集聚特征及动态变化的

综合及对比分析，具有重要的实践价值，将为定量、准确分析和识别区域经济潜在的全局、局部空间经济集聚模式及动态变化提供指导；把握全国和五大区域经济增长空间集聚特征的动态变化与研究区之间的差异，进而总结分析中国区域经济增长空间集聚特征的动态变化规律；开展区域经济增长空间计量经济分析，进一步说明空间影响在区域经济增长中的作用。

②系统分析了我国 1984～2010 年省级层面的区域经济增长情况，包括绝对 σ 收敛、绝对 β 收敛和条件 β 收敛变化分析等，建立了模型来检验 1990～2010 年区域经济增长在省级层面是否存在条件 β 收敛及其空间相关性。本成果对于中国区域经济增长收敛性的多尺度、多阶段的分析，对经济增长收敛性的空间相关检验的拓展分析具有重要的学术与应用价值。

③将索洛－斯旺新古典经济增长模型拓展到空间面板数据环境，建立索洛－斯旺新古典经济增长空间面板模型，从全国层面、五大区域层面，检验中国区域经济增长中潜在的空间影响的显著性，分析潜在的空间影响对经济增长的收敛效应并进行各研究区的比较分析。

④本书研究将为中国区域经济增长空间分析提供重要探索，特别是为空间差异分析、空间调控策略选择提供新的实证支持。

1.2　研究总体思路与研究目标

1.2.1　总体思路

本书研究将全国分为东部、东北、中部、西北、西南五大区域，选择 1992～2010 年为研究时段，以全国省域单元、339 个地市为分析单元，结合区域经济增长空间相关分析、区域经济增长收敛性分析以及空间计量经济分析在空间面板数据环境中的拓展，从省级、地市级层面探讨中国区域经济增长的空间相关性、空间位置关系对经济增长收敛性变化的影响。

首先，综合分析中国区域经济增长的空间相关性，以期把握全国和五大区域经济增长空间集聚特征的动态变化与研究区之间的差异，进而总结分析中国区域经济增长的空间相关模式及其动态变化，并开展区域经济增长空间计量经济分析。

其次，主要从我国区域总体差距的分析入手，从省级、地市级层面，分析 1992 ~ 2010 年时段（同时考察 1992 ~ 2000 年、2000 ~ 2010 年两个时段）全国经济增长收敛性特征，并基于地市区域单元，比较分析五大区域经济增长的 σ - 收敛性，综合说明我国区域经济增长是否存在 σ - 收敛与 β - 收敛。考虑到分析的需要，对于 β - 收敛性检验只涉及 β - 绝对收敛，而不对是否存在 β - 条件收敛进行分析。

最后，基于索洛 - 斯旺新古典经济增长模型在空间面板数据环境中的拓展，建立索洛 - 斯旺新古典经济增长空间面板模型，从全国层面、五大区域层面，检验中国区域经济增长中潜在的空间影响的显著性，分析潜在的空间影响对经济增长的收敛效应并进行各研究区的比较分析。

1.2.2 研究目标

本书研究大致围绕以下三大目标。

①把握全国与五大研究区区域经济增长空间集聚特征与空间相关模式的变化，并开展地区比较研究，构建横截面空间线性模型，以中部地区为例，开展中国区域经济增长的空间计量经济分析。综合多尺度研究结论，探讨空间影响对中国区域经济增长的作用。

②从省级、地市级层面，分析 1992 ~ 2010 年时段（同时考察 1992 ~ 2000 年、2000 ~ 2010 年两个时段）全国经济增长的收敛性特

征，并基于地市区域单元，比较分析五大区域经济增长的σ-收敛性，综合说明我国区域经济增长是否存在σ-收敛与β-收敛。

③将索洛-斯旺新古典经济增长模型拓展到空间面板数据环境，建立索洛-斯旺新古典经济增长空间面板模型；分别从全国层面、五大区域层面，检验区域经济增长中潜在的空间影响的显著性，分析潜在的空间影响对经济增长的收敛效应并进行各研究区的比较分析。

1.3 主要研究内容

根据本书的总体思路，全书内容分为七章，大致的安排如下。

第一章 绪论

介绍项目研究背景、研究意义；研究的总体思路与研究目标；项目的主要研究内容。

第二章 对区域经济增长中空间影响的研究概述及主要理论方法

主要内容包括两个方面：一是概述了国内外研究现状及发展动态；二是简述了本研究开展所涉及的四个方面的相关理论与方法。

第三章 中国区域经济增长空间相关模式分析及地区比较

根据第二章介绍的探索性空间数据分析（ESDA）中的空间统计分析技术，以全国339个地级市1992～2010年不同时段各区域人均GDP年增长率为分析指标，从中国区域经济增长的空间分布模式及其变化、中国区域经济增长的空间自相关分析及地区差异、中国区域经济增长的空间关联局部模式分析及地区差异三个方面，综合分析全国及五大区域经济增长的空间集聚特征，并对五大区域经济增长的空间相关模式进行比较。

第四章 基于横截面空间线性模型的中国区域经济增长空间计

量经济分析

以中部地区为研究区，根据第二章的空间计量经济学理论、方法，开展区域经济增长空间计量经济分析，说明空间影响在区域经济增长中的作用。本章在选择区域经济增长影响因素的基础上，基于 OLS 方法进行回归分析，进而为选择合适的空间线性回归模型提供支持，分别对空间滞后模型、空间误差模型进行 ML 估计并分析其结果。

第五章　中国区域经济增长收敛性动态变化及地区比较

本章首先基于 Theil 系数及其分解，对中国区域经济差距进行实证分析；然后基于五大区域的划分方法，从省级和地市级层面，对中国区域经济增长的收敛性动态变化与地区比较进行综合的分析与说明，并提出对区域经济差距调控的启示。

第六章　基于空间面板模型的中国区域经济增长空间分析

本章采用第二章所描述的索洛－斯旺模型的空间扩展形式，构建索洛－斯旺空间扩展面板模型，选取 1992～2010 年中国 339 个地级市以上地区的面板数据，首先对非空间的经典索洛－斯旺经济增长模型做拟合回归；然后对空间扩展的索洛－斯旺经济增长模型进行回归分析和比较，一方面检验空间位置关系是否对我国的区域经济增长有影响以及影响方式，另一方面考察空间计量经济视角下截面固定效应和时间固定效应对模型的影响；并开展五大区经济增长的空间面板模型分析及横向比较。

第七章　主要结论与研究不足

对第三、四、五、六章开展的研究进行总结，梳理主要结论，并简要地说明研究不足。

第二章　对区域经济增长中空间影响的研究概述及主要理论方法

在一般的区域经济增长分析中，时间被传统经济学家认为是最关键的因素。正如艾德加·胡佛指出“仍然视而不见‘何地’问题，他们陷于一大堆问题之中，却未能提供任何涉及空间因素的分析”。实际上，作为经济体存在的一种形式和重要影响因素，空间影响（地理单元空间位置关系）在区域经济增长中的作用不容忽视。

空间影响因素对区域经济增长作用的研究与起源于20世纪60年代的空间数据分析研究的发展密切相关。近20年来，随着探索性空间数据分析（ESDA）、空间计量经济分析理论与方法的发展，空间影响因素对区域经济增长与发展作用的研究逐渐为广大区域科学、经济地理学研究者所关注，促进了研究者将经济体间的地理位置空间关系或者空间相互作用纳入经济增长影响的研究中，从理论与实证角度验证或支持了潜在的空间影响将影响区域经济增长的假说。

2.1　国内外研究现状及发展动态概述

经济活动的空间集聚是现代经济学中极为重要的经济地理现象，是区域经济空间分析研究的热点，主要从微观和中宏观的角度开展研究。在微观尺度上，对这一现象的研究多集中于产业空间集聚及其机制，从微观角度分析影响产业活动空间分布的内生力量，从而为主流经济分析理论框架下的产业空间集聚形态研究开辟了空间。

中宏观尺度研究的发展与空间统计理论与方法、空间数据分析的研究与发展是密不可分的。特别是 20 世纪 90 年代末以来，随着探索性空间数据分析（ESDA）、地理信息系统（GIS）技术与区域经济增长研究的结合，经济地理学者和区域经济学者对区域经济增长潜在的空间影响研究表示出了极大的关注。目前这一领域的研究主要分为两类，即探索性空间数据分析和确证性空间数据分析。确证性空间数据分析在经济学领域又称为空间计量经济学。Haining 和 Anselin 的观点认为 ESDA 研究大多由数据驱动，而空间经济计量学由模型驱动，主要研究与区域及城市经济有关的模型。

经过 Getis 等（1992，1996）、Anselin（1995）、Ord 等（1995）等的研究努力，空间统计理论与方法逐渐拓展到区域空间分析领域，形成并完善了适用的空间统计分析基本理论与方法，即探索性空间数据分析。

由于在区域计量经济模型中处理次级地区数据的需要，空间计量经济学研究于 20 世纪 70 年代在欧洲得到展开。Cliff 和 Ord（1973，1981）对空间自回归模型的开拓性工作，发展出广泛的模型、参数估计和检验技术，使经济计量学建模中的综合空间因素变得更加有效。Anselin（1988）对空间经济计量学进行了系统的研究，提出了其主要研究领域并得到广泛认同。确证性空间数据分析研究中主要采用的空间计量经济模型，经历了从传统的空间滞后模型和空间误差模型（Anselin，1988；Kelejian，1999；Kelejian，2007；Yu et al.，2008；Elhorst，2010）到无约束的空间杜宾模型（Baltagi，2005；LeSage and Pace，2009；Lee and Yu，2010）、空间过滤模型（Parent and LeSage，2011）和动态时空面板模型（Debarsy et al.，2012）的发展阶段，也出现嵌入了时间结构变化的空间非线性面板模型（Pede, Florax and Lambert, 2014）、具有空间相关误差分量的随机效应面板模型（Arnold and Wied, 2014）、空间面板数据模型的系统性应用（Resende et al.，2016）。

2.1.1　国外已开展的主要代表性研究简述

从国外已开展的主要代表性研究来看，经济地理学者和区域科学学者对区域经济增长中空间影响的研究大致可以概括为三个方面，即区域经济增长的空间相关性分析及基于空间计量经济模型的解释、索洛-斯旺新古典增长模型的空间拓展、空间计量经济学研究在空间面板数据环境中的延伸。

（1）区域经济增长的空间相关性分析及基于空间计量经济模型的解释

基于 ESDA 方法与空间计量经济分析，将空间影响因素纳入区域经济增长研究，主要围绕区域经济增长空间关联模式、空间异质性及基于空间计量经济模型的解释，探讨地理单元位置关系这一空间因素对区域经济增长的影响。实证研究中，通常选择地区收入增长率、GDP 增长率或人均 GDP 等为分析指标，分析区域经济增长空间关联模式；选择一些社会经济指标作为解释变量，构建空间计量经济分析模型，估计空间参数，验证区域经济增长的空间相关性是否显著存在。空间滞后模型、空间误差模型是两类主要的分析模型。

Rey 等（1999）第一次将空间计量经济分析方法运用到人均收入的收敛性研究当中，根据拉格朗日乘子检验方法选择了特定的空间模型进行深入分析和结果比较。Gallo 和 Ertur（2003）采用 ESDA 方法，发现 1980～1995 年欧洲 138 个地区的人均 GDP 的空间分布存在显著的全局空间自相关、局部空间自相关及空间异质性。Dall'erba（2005）使用空间统计工具，对 1989～1999 年欧洲 145 个地区的地区收入空间分布与地区发展资金空间分布的关系展开了探索性调查，发现地区人均收入、地区增长率、地区资金的分布存在全局和局部空间自相关。Garrett 等（2007）扩展了基本的空间计量经济模型，提出了关于美国各州收入增长空间的新证据，讨论了研究结论在州和国家层面上的政策含义。Kato（2008）借助 Monte Carlo 实验评价了结合不同空间自相关确定的线性模型的稳健性。Fotheringham（2009）再次检验了空间相关与空间异质性（空间不均匀性）之间的关系，认为空间相关的性质引致了大量有关空间自相关的研究，而空间异质性的性质使研究者逐渐明白了全局统计的局限性，意识到局部统计与局部统计模型的价值。Cravo 等（2015）运用空间计量经济学，考察了 1980～2004 年间巴西 508 个微型区域组的经济成长，研究结果表明巴西经济成长的过程具有空间依赖，中小型企业活动产生了正向的空间外溢。

通过查阅 *Annals of Regional Science*、*Regional Studies*、*Regional Science and Urban Economics*、*Journal of Regional Science*、*International Regional Science Review* 等主要刊物文献，发现在理论上对空间统计分析与空间计量经济分析的认识趋向一致（Griffith，2007；Getis，2007），扩展了空间计量经济分析的基本模型和研究视角（Anselin，2007；Li H et al.，2007；LeSage et al.，2007；Cassar et al.，2008；Egger et al.，2009；Smith，2009；Lee et al.，2010；Arbia and Kelejian，2010），研究中较为关注地区经济增长空间相关的地区差异（Ertur et al.，2006；Garrett，2007）、总体或局部经济增长的空间计量经济分析（Long，2005；Lundberg，2006）、空间分异（Ezcurra，2007）等方面；地区增长的不平稳性与对空间溢出的理解（Vernon Henderson，2007；Trendle，2006；Lambert et al.，2014）、地区经济增长复杂性的表达（Folmer，2005；Carroll et al.，2008；Dapena et al.，2016）、增长的地区趋同情况（Fischer et al.，2006；Rodríguez-Pose et al.，2015；Royuela et al.，2015）也是近几年国外类似研究

的关注点。

（2）索洛-斯旺新古典增长模型的空间拓展

尽管目前有关经济增长理论模型的新文献不断涌现，但是索洛-斯旺新古典经济增长模型仍然是用于分析经济增长问题的主要模型。几乎对于所有有关经济增长的分析而言，索洛-斯旺模型都是起点。收敛假说是索洛-斯旺模型的重要假说之一，是研究经济增长长期稳态均衡的重要前提。理论界的文献往往强调某一特定因素对人均收入稳态和经济增长的决定性作用，由理论模型引出的实证文献也多关注区域经济增长领域。然而不论是理论还是实证文献都表明，区域并不是同质、独立的。正如 Rey 和 Montouri（1999）所指出的，"尽管理论机制明确地表明，技术扩散、要素流动和转移支付等这些驱动区域经济收敛现象的因素具有明显的空间位置属性，但是，事实上，区域经济研究的空间效应依然被忽略了"。

随着空间计量经济学的发展，从 20 世纪 90 年代起，越来越多的学者意识到经济体间的空间影响或空间相互作用是影响目标经济体增长的重要因素，并且对空间效应的忽视将有可能导致检验模型的错误设定（Fingleton, 2001）。各经济体的地理位置（空间位置关系）能够影响整个区域的经济增长，这一假说近年来获得了索洛-斯旺扩展模型的理论支持，同时大量的文献从实证角度支持了该假说。

Rey 和 Montouri（1999）较早地采用新古典的方法，检验了 1929～1994 年美国人均收入增长的收敛情况，在控制空间一致性和空间相关性的条件下，开创性地把空间影响因素引入了区域收敛研究，把区域收敛、全局自相关、局部自相关、空间异质性分析相结合，从空间角度揭示了区域收敛的动力机制。之后，López-Bazo, Vayá 和 Artís（2004）；Fingleton 和 López-Bazo（2006）；Ertur 和 Koch（2007）从经济理论模型方面支持了经济体的相对位置假说，该假说认为经济体相对于其他经济体位置的远近是决定该经济体经济增长以及经济稳态水平的因素之一。为了构建区域间相互依赖的模型，López-Bazo，Vayá 和 Artís（2004）假设空间外部性来自物质资本和人力资本的积累，通过对技术项的扩展，建立了只含有经济增长和初始收入变量的空间滞后项，而不包含 $\ln[s/n+g+\delta]$ 的空间滞后项；而 Ertur 和 Koch（2007）假设空间外部性是由科技的相互依赖产生的，通过对技术项扩展，建立无约束的空间杜宾模型，同时包含了被解释变量的空间滞后项和解释变量的空间滞后项，根据不同的系数假设，可以将其转化为空间滞后模型或者空间误差模型。De Dominicis（2014）考虑了区域不平等对增长的影响，采用空间扩展的索洛增长模型，考察了 1991～2004 年欧盟 188 个区域之间的趋同过程。Abate（2016）从空间计量经济学的视角，检验了宏观波动性与经济增长之间的关联；提出了一个无约束的空间 Durbin Ramey-Ramey 模型，根据 78 个国家的面板数据，考察了所有可能对宏观波动性与增长之间的关联产生影响的空间交互作用维度。

（3）空间计量经济学研究在空间面板数据环境的延伸

空间面板数据模型顾及了横截面相关和状态相关，使研究者能够控制未知的异质性。近年来，国外空间计量经济文献表现出对空间面板数据模型的极大兴趣，研究者在理论模型构建与估计方面做了一些创新性的工作，多数实证研究也是基于经济增长模型而展开。与横截面数据模型相比，空间面板数据模型为研究者提供了扩展模型的机会。

Anselin 等（2008）指出，对于指定观测点之间的空间依赖性，面板数据模型可以选择加入一个因变量的空间滞后项，或者将误差项的空间自回归过程融入模型中，即建立空间滞后模型或者空间误差模型。LeSage 和 Pace（2009）主张的空间杜宾模型是第三个代表性的模型。该模型同时包含了被解释变量的空间滞后项和解释变量的空间滞后项，即在空间滞后模型（SAR）的基础上又考虑了解释变量空间效应，在实际应用中具有更良好的特性。他们认为借助时空的面板模型，研究者可以考虑在一个动态面板数据模型中未观测到的异质性的动态性及其控制，并模拟滞后空间效果。Lee 和 Yu（2010）对空间计量经济模型研究进行了更为全面、深入的理论探讨，说明了空间面板数据模型估计的最新发展，提出了一个总体框架并将其具体化，研究不同的空间结构和时间动态。Elhorst、Piras 和 Arbia（2010）使用结合空间和时间动态性的索洛－斯旺新古典增长模型，检验经济的相对位置影响经济增长的不同假说是否成立。为了估计具有固定效应的空间索洛－斯旺模型，他们采用调整后的 GMM 估计，处理源自基础模型中的初始收入水平以及源自临近经济区域观测到的初始收入水平和经济增长速度的内生性。Debarsy 和 Ertur（2010）说明了具有固定效应的面板数据模型中的空间自相关测试。Mohl 和 Hagen（2010）通过一个系统的 GMM 估计确定内部工具，从而处理面板模型中的内生性、异方差、序列相关和空间相关问题，并运用空间面板计量经济估计方法控制空间溢出影响，发现区域外溢对各种条件下的区域增长率具有显著的影响。Moscone 和 Tosetti（2011）采用广义距方法（GMM），讨论了具有空间自回归干扰项、固定效应和未知异方差的面板数据回归模型的估计。Elhorst（2012）解决了当空间面板模型包含截面和时间固定效应时产生估计值偏差的问题，并在其网站上提供了软件的实现方法。Pfaffermayr（2013）在空间面板估计方法上有所创新，将扰动项的 Cliff and Ord 空间自相关检验从平衡面板数据结构扩展到了非平衡面板数据结构，并运用蒙特卡罗模拟验证了检验方法的可靠性。Matthias 和 Dominik（2013）修正了一个之前提出的空间面板回归模型的 GMM 估计，估计量的一致性和渐近正态分布性得到了实现。Arnold 和 Wied D（2014）对具有空间相关误差分量的随机效应面板模型发展了一种改进的 GMM 估计，修正了之前提出的空间面板回归模型的 GMM 估计，估计量的一致性和渐近正态分布性得到了实现。Ezcurra 和 Ríos（2015）提出了包含经济体技术相互依赖性的空间拓展随机增长模型，为产出波动和区域增长之间的空间时间关系建模，并基于 1991 ~ 2011 年 272 个欧洲地区的样本数据，分析了波动和经济增长之间的联系。Resende 等（2016）借助空间面板数据模型的系统性运用，评估了多空间尺度下区域经济增长模型的估计结果，发现估计出的系数随空间尺度的变化而变化，从区域经济增长回归模型得到的结论依赖于空间尺度的选择；而且空间溢出系数随空间尺度而变化，在中观及以下空间尺度上显著，但在州级尺度上是不显著的。他们在文章中还讨论了在不同空间尺度上发现不同结果的潜在的理论原因。

国际上几种主流的区域科学研究刊物如 *Annals of Regional Sciences*、*International Regional Science Review*、*Regional Studies* 等，目前在选用有关区域经济增长的解释稿件时，比较明确地倾向于采用了空间计量经济分析方法的稿件，特别是采用了时空动态面板数据模型的稿件。

2.1.2 国内有关研究的开展情况简述

从国内的文献检索情况来看，大多数国内学者主要是参照国际上在区域经济增长空间相关性的理论探索与估计方法等方面取得的创新性成果，选择以全国或部分区域为研究区，在实证方面开展了不少的工作，而对于索洛 - 斯旺新古典经济增长模型的空间拓展及应用、空间计量经济分析在空间面板数据环境的延伸方面尚未开展有效的研究。

早期的国内研究大多是以省级行政区为基本分析单元的。单纯从理论推导上而言，大多数研究者在对基于省级尺度的研究结论的解释上比较有说服力，尽管因尺度选取偏大研究结论的参考性和实践意义有待商榷。例如，吴玉鸣等（2004）运用空间计量经济模型分析了中国31个省区市的经济增长集聚及其影响因素；陈晓玲等（2006）利用我国1978～2004年30个省区市的省级数据，研究了改革开放后我国地区经济增长的空间相关性；张晓旭等（2008）运用ESDA方法研究了中国30个省份人均GDP之间的空间相关性。

考虑到国外同类研究中基本分析单元确定的实际，一些学者在引鉴国外研究时，保持了相对谨慎的态度，选择以地市或县域为基本分析单元。尽管总体上这类研究较少，但研究者开始关注地市、县域尺度的研究，使一些研究结论的参考性和实践意义得到加强。例如，苏良军等（2007）以“长三角”与“珠三角”县级数据为研究对象，探讨了两区域内部市区县之间的经济空间相关性；张馨之等（2006）采用ESDA方法考察了1990～2004年中国341个地区人均GDP增长速度的空间相关性；樊新生等（2005）研究了1980～2000年河南省县级行政区经济增长的空间分布和空间自相关；王洋等（2011）以地市为基本单元，利用空间差异与极化指数、空间自相关分析方法等分析了1990年以来中国经济的总体空间差异与极化程度、经济水平和增速的全局空间自相关，说明了主要驱动因素和演变模式。此外，洪国志等（2010）的分析结果表明空间因素在区域经济增长与收敛过程中起到了重要作用，但因为在分析中选用的样本空间分布不具备连续性特征，研究结论的实际价值有待商榷。陈斐等（2002，2003，2006，2008，2013）以县域或地市为分析单元，在区域经济增长的空间统计分析及空间计量经济模型分析方面也取得了一些有意义的成果。

近年来，一些国内学者在实证研究中也注重采用空间计量经济模型来说明空间影响对区域经济增长的收敛效应，但仍主要集中在传统的空间滞后模型或空间误差模型的实际应用方面。例如，覃成林（2008）对空间因素与空间相关性在增长俱乐部趋同研究中的重要作用给予了重点关注，初步揭示了不同时期和空间层次上中国区域经济增长分异或趋同的事实及机制；吴玉鸣（2006）提出了一个区域经济增长β趋同的空间计量经济分析模型框架，认为考虑空间自相关的空间误差趋同β模型是目前研究中国省域经济增长截面趋同比较合适的模型；林光平等（2006）采用空间计量经济方法，使用25年人均GDP数据研究了中国28个省区经济发展的σ－趋同情况；马国霞等（2007）采用ESDA方法和空间自相关模型，探讨京津冀都市圈经济增长的空间依赖关系，构建空间滞后模型和空间误差模型对京津冀都市圈的区域经济收敛机制进行了实证分析；武剑等（2010）运用ESDA和空间计量经济分析技术，分析了1992～2007年京津冀地区经济空间结构的格局和演变情况，结果表明京津冀空间结构属于空间误差模式。类似地，范闯等（2014）运用ESDA分析了1997～2011年重庆市区县经济的空间结构及其演变趋势与特征。王猛等（2015）利用2003～2011年中国城市面板数据，主要通过构建空间滞后模型和空间误差模型，考察了经济集聚对城市劳动生产率的影响。张建伟等（2015）在运用突变级数法构建中国GDP偏离度及其ESDA分析的基础上，选取空间误差模型，对2010～2012年中国GDP的偏离度进行了空间计量经济分析。

近年来，部分国内学者对空间计量经济分析在空间面板数据环境中的延伸表现出了极大的关注。例如覃成林等（2012）基于新古典增长理论，构建了一个包含空间外溢的区域经济增长理论模型，并构建了检验空间俱乐部趋同的空间计量经济模型。程叶青等（2013）采用空间自相关分析方法和空间面板计量模型，探讨了中国省级尺度碳排放强度的时空格局特征及其主要影响因素。朱国忠等（2014）使用空间动态面板数据模型，采用ML估计方法分析了1952～2008年间中国省级区域层面的经济增长收敛性，但研究地段与区域尺度的选取值得商榷，且仍未涉及GMM估计方法的运用。曾淑婉等

(2015) 采用空间动态面板数据模型分析了财政支出规模与结构对区域经济差异变动的影响。张可云等 (2016) 依据 β 趋同空间计量模型，利用山东省 1995 ~2013 年的地市面板数据对山东经济增长的趋同及其影响因素进行了研究。此外，刘耀彬教授在时空面板模型和非线性门槛模型的开发方面也取得了一些比较有代表性的前沿研究成果。例如，刘耀彬等 (2013) 发展了一个空间 - 时间面板过滤模型 (STPFM)，用来同时测量在国家层级和区域层级可耕地与可用水资源对中国经济成长所造成的阻力效应，实证结果表明 STPFM 使资源的空间跨区域依赖得以解释；刘耀彬 (2014) 提出了一个综合合成的时空面板数据模型，来验证中国自然资源在区域城市化过程中的“资源诅咒”假说等多数实证研究。考虑到国外同类研究主要基于经济增长模型展开，国内学者对空间计量经济分析在面板数据环境中的延伸研究方面仍需要付出更多的努力。

2.1.3 国内外研究简评

综上所述，EDSA、空间计量经济研究的发展，新古典经济增长模型的空间拓展，空间计量分析在空间面板数据环境中的延伸，以及 GMM 估计、动态 GMM 估计方法的应用，为检验空间影响因素对区域经济增长的解释作用及其实证研究提供了重要的理论基础与研究方法支持。主要体现在以下几点。

①在区域经济增长空间相关模式识别与检验、区域经济增长空间自相关、空间异质性的解释研究方面，基本形成了较系统的分析方法和较好的实证研究结论支持。国外研究更为重视空间尺度选择的合理性，数据获取完备，实证研究结论相对更为可信。国内研究大多是以省级行政区为基本分析单元的，从理论解释上而言研究结论也比较可信，然而其参考性和实践意义有待商榷。这也是与国外同类研究相比，需要尤为慎重思考之处。

②空间计量经济分析经验模型构建与空间异质性的检验研究，大多是遵循空间滞后模型和空间误差模型这两类模型展开的，重视全局或局部经济增长空间结构的解释，采用了不同的估计方法估计空间参数。近年来理论研究拓展了空间计量经济分析的基本模型和研究视角，实证研究结论的解释性有所增强。

③空间计量经济分析在空间面板数据环境中的延伸，将为检验经济体的相对位置影响经济增长的不同假说是否成立、区域经济增长中潜在的空间影响的合理解释等提供更有效的统计验证，也将为检验中国区域经济增长中潜在的空间影响的显著性及其对经济增长的收敛效应的实证研究提供一种新的探索思路。

此外，通过查阅涉及区域非均质性处理的文献，发现国外学者大多认可区域非均质性是空间计量经济分析模型及其拓展应用中值得重视的方面。他们的模型研究中也大多较好地结合了空间非均质性，但是对如何构建一个非均质性指数来表达与度量区域非均质性，他们的研究中并未专门涉及。从国内的文献来看，国内学者对于区域非均质性也没有一个明确的显性公式形式的表达，往往将其作为一个现实背景提出来，或者以其他的形式内生于模型讨论之中。例如，郝寿义等（2009）认为研究空间的非均质性，实际上就是研究区域性要素在不同区域间的非均质分布。周海燕等（2011）在研究异质性能源消耗与区域经济增长的关系时，采用了协方差检验来确认异质性的存在，进而对模型进行了变系数形式拟合。在区域非均质性度量方面，汪洋等（2007）在地理信息技术体系支持下构建了区域经济空间非均衡态的测算方法体系。

从国内研究来看，对于区域空间非均质性与空间异质性之间的表达差异，研究者尚未取得很明确的一致认识。近年来国内关于空间异质性在经济方面的研究主要集中在将空间异质性作为背景，考察不同地区经济变量间的相互关系，研究方法多采用地理加权回归模型（GWR），将空间异质性纳入传统的分析框架下。例如崔长彬等（2012）利用了卢卡斯内生增长模型和贝叶斯地理加权回归方法，结果表明：河北省县域经济存在显著的空间相关性和空间异质性。吴玉明（2013）基于2001~2009年中国省域旅游业截面平均值数据，利用考虑空间异质性的地理加权回归（GWR）生产函数模型，对中国省域旅游业的资本和劳动力弹性系数进行了局域变参数实证估计研究。孙久文等（2014）利用地理加权回归模型（GWR）对地区差异变动成因进行实证分析，表明城镇化率、固定资产投资、劳动力投入、产业结构、对外开放程度等各因素具有一定程度的空间异质性，但对各个省区经济增长的影响程度相差不大。

如何更好地结合空间和时间动态性，解决好面板模型中的内生性、异方差、序列相关和空间相关，消除包含截面和时间固定效应的估计值偏差，进行GMM估计方法的应用及改进等问题，将是索洛－斯旺新古典增长模型的空间拓展研究的主要关注点，这也需要在未来的理论与实证研究中得到更多的体现。

2.2　主要理论与方法

2.2.1　探索性空间数据分析理论与方法

探索性空间数据分析（Exploratory Spatial Data Analisis，ESDA）以空间关联测度为核心，是一系列空间数据分析方法和技术的集合，通过对空间对象或现象的空间分布格局的描述并将其可视化，发现空间集聚和空间异常，揭示研究对象之间的空间相互作用机制（Anselin，1988）。在经济学研究领域，传统的经济统计分析方法只注重地理区域或地带的离散化数据，并没有对这些区域经济数据的空间依赖性加以考虑，而探索性空间数据分析加入了不同区域之间空间联系的度量，使区域经济分析更加科学。Cliff（1981）、Griffith

（1984，1988）、Getis 和 Ord（1992）等将空间统计学分析应用到社会经济研究领域，丰富了空间统计分析理论，并明确了探索性空间数据分析研究的两个主要方面，即全局空间自相关的度量与检验和局部空间相关的识别与检验，从而分析了空间数据在整个系统中表现出的分布特征和局部子系统所表现出的分布特征。

已有研究证明，探索性空间数据分析的主要内容包括构建空间权重矩阵、计算并分析空间数据间的自相关关系、对全局自相关和局部自相关的检验等。探索性空间数据分析结果不仅和区域研究单元的尺度有关，同时也跟空间权重矩阵的选择有关，空间权重矩阵的不同将导致区域经济类型划分结果的不同。

对于空间自相关，不同的学者给出了多个定义。Cliff 等（1973）将其简单定义为一个国家各个县或州存在质量或数量分布与邻近县或州相似的情况；Sokal 等（1978）认为空间自相关检验的是一个位置上的观测变量与邻近位置上同一变量的显著性；Upton 等（1985）将空间自相关定义为数据特性的地图显示模式；Goodchild（1986）认为空间自相关是地球表面某个位置的目标或活动与邻近位置的目标或活动存在相似性。综合而言，空间自相关主要反映的是某个区域单元的地理现象、属性与邻近区域同一现象或属性的相关程度。如果某区域一种现象或属性的观测值与周围区域表现出同时高或者同时低的现象，就存在空间正相关，并且这种现象存在空间扩散效应；如果现象或属性观测值呈现高的周围低或低的周围高的情况，则存在空间负相关，这种现象存在空间极化特性；如果现象或属性观测值的分布具有随机性，即高、低分布是随机的，则说明不存在空间自相关性。

空间自相关的度量可以使用两种不同等级的指标：全局指标和局部指标。空间自相关分析具体分为全局空间自相关分析与局部空间自相关分析。当现象或属性与位置信息无关时，空间自相关为零；

当现象或属性与邻近的现象或属性相同或相似时，存在正的空间自相关；当现象或属性与邻近的现象或属性相反时，存在负的空间自相关。

全局空间自相关分析的度量与检验指标主要有 *Moran's I* 指数，*Geary's C* 比率和 *Getis' G* 指数。通过全局自相关度量可以检验总体的空间关联结构模式，能有效检测空间相关性因素引起的空间差异。局部空间自相关分析度量与检验有三种工具，包括 $G_i(d)$ 统计、*LISA* 和 *Moran* 散点图，检验指标包括局部 *Moran*、局部 *Geary* 等。$G_i(d)$ 统计用地量方式分析关联的具体程度，可以直观地显示出经济热点区（hot spots）与冷点区（cold spots）的空间分布情况；*LISA* 是空间相关局部指标的一类指标；*Moran* 散点图通过图的形式，定性区分某个区域与其周边区域的经济关系。本研究选取最常用的 *Moran's I* 指数测度全局空间自相关情况，采用局部 *Moran*、局部 *Geary* 来分析局部空间自相关情况。

2.2.1.1　空间权重矩阵

空间权重矩阵是空间或位置信息的数值表现形式。空间自相关分析中的大多数指标是以一个二元权重矩阵（$W_{n \times n}$）来表示 n 个空间目标之间的关系。具体形式为：

$$\begin{vmatrix} W_{11} & W_{12} & \cdots & W_{1n} \\ W_{21} & W_{22} & \cdots & W_{2n} \\ \cdots & \cdots & \cdots & \cdots \\ W_{n1} & W_{n2} & \cdots & W_{nn} \end{vmatrix} \tag{2-1}$$

其中，$W_{n \times n}$ 对角线上的元素表示空间目标自身的相关关系，值为 0；W_{ij} 表示空间目标 i 和空间目标 j 在空间上的相关关系。

度量空间位置关系的方法有很多。研究表明，空间权重矩阵的选择一直是空间统计分析中较为困难且具有争议的问题，原因是空间权重的选择将直接影响空间统计分析的结果。目前，比较简单常用的方法有两种：一是基于距离标准，二是基于邻接标准。前者通过收集空间单元的经纬度信息，进而计算空间任意两点间的距离。区域间经济关系的基本假设之一是距离假设，即距离较近的区域间的相互关系应该强于彼此远离的区域间的相互关系，区域间的交互影响大小会随着距离的增加而下降。而采用邻接标准，即当两区域邻接时，空间权重矩阵的元素为1，否则为0。该标准基于的基本假设是彼此邻接的区域的交互关系要强于彼此不邻接的区域。在此略去具体的说明与解释，详细内容可参阅有关的经典文献。本书的后续研究将主要采用邻接标准构建空间权重矩阵。

此外，在应用空间权重矩阵时，为了便于解释，要对原始空间权重矩阵进行标准化处理。通常采用行标准化方法，行标准化转换后的空间权重矩阵中的各行元素之和为1。

2.2.1.2 全局空间自相关度量指标：*Moran's I* 指数和 *Geary's C* 比率

全局空间自相关度量与检验主要利用 Moran（1950）提出的 *Moran's I* 指数、Geary（1954）所定义的 *Geary's C* 比率等。与 *Geary's C* 相比，*Moran's I* 更不易受到偏离正态分布的影响，因此大多数应用都采用了 *Moran's I* 指数（Griffith，1987）。本项目在后续章节分析中，也将主要采用 *Moran's I* 统计量进行全局空间自相关分析。

（1）*Moran's I* 指数

为了研究在二维或三维空间中分布的随机现象，Moran（1950）首先提出了度量空间自相关的方法。目前，几乎在所有涉及空间自相关的研究中都应用 *Moran's I*。根据 Moran（1950），*Moran's I* 指数（*MC*）的形式定义如下：

$$MC = \frac{1}{\sum_{i=1}^{n}\sum_{j=1}^{n} w_{ij}} \cdot \frac{\sum_{i=1}^{n}\sum_{j=1}^{n} w_{ij}(x_i - \bar{x})(x_j - \bar{x})}{\sum_{i=1}^{n}(x_i - \bar{x})^2 / n} \tag{2-2}$$

式中：$\bar{x} = \frac{1}{n}\sum_{i=1}^{n}(x_i)$。*MC* 为全局空间自相关系数，$w_{ij}$为二元空间权重矩阵 *W* 的元素，可以基于邻接标准或距离标准构建，反映空间目标的位置相似性；空间目标的属性相似性，由 $(x_i - \bar{x})(x_j - \bar{x})$ 给出，x_i、x_j为位置 i 和位置 j 的某一属性值，$\bar{x}$ 为 n 个位置的属性值的平均值。

Moran's I 指数的取值范围为 -1 到 1。基于 Griffith（1987）对 *Moran' I* 的性质的讨论，通常认为当 $MC = -1/(n-1)$ 时，表示一种随机的地理分布模式；当 $MC > -1/(n-1)$ 且 *MC* 是显著的时，表示相似的属性值倾向于聚集在一起的地理分布模式（正的空间自相关）；当 $MC < -1/(n-1)$ 且 *MC* 或 *GR* 是显著的时，表示不同的属性值倾向于聚集在一起（负的空间自相关）。当 n 是一个比较大的数值时，*MC* 的期望值收敛于 0；而且一个正值和正的空间自相关联系在一起，负值和负的空间自相关联系在一起。

在此略去有关 *Moran's I* 指数的显著性检验及其讨论，具体可参阅 Cliff 等（1981）、Goodchild（1986）、陈斐（2008）等的文献。

（2）*Geary's C* 比率

Geary's C 比率（Geary，1954）是另一个可以用来度量面状目标和 interval 数据的空间自相关的全局指标。在人文地理研究中，最合适的应用是统计报告区数据分析。它是建立在并列地图值的成对比较法的基础上的，其形式为：

$$C = \left[(n-1)\sum_{i=1}^{n}\sum_{j=1}^{n}w_{ij}(x_i - x_j)^2\right] / \left[2\left(\sum_{i=1}^{n}\sum_{j=1}^{n}w_{ij}\right)\sum_{i=1}^{n}(x_i - \bar{x})^2\right] \quad (2-3)$$

式（2-3）中各符号的意义同式（2-2）。从理论上讲，*Geary's C* 的取值范围为 0 到 2。对于 n 个样本而言，在随机假定下 *Geary's C* 的期望值为 1。当 *Geary's C* 取值为 0 到 1 时，存在正的空间自相关

(相似的属性与相似的位置一致)；当 *Geary's C* 取值为 1 到 2 时，存在负的空间自相关。然而，有时也会出现比 2 大的值（Griffith，1987)。当相似的值并置在一起时，度量并置的值之间的绝对差平方和的分子将趋向于零；反之，当不相似的值并置在一起时，分子将趋向于更大的值，直到 *Geary's C* 接近最大值 2。

Sokal 等（1978）注意到，尽管两个总体指标在形式上有所不同，但由它们的方程式计算出的经验结果是相似的。实际上 *Geary's C* 的计算过程与 *Moran's I* 的计算过程完全相同，只是分子中的 C_{ij} 项有所不同。*Geary's C* 的分子对邻近变元之间的绝对差比较敏感，这是由于分子中的平方项构成 C_{ij} 项，即 $(x_i - x_j)^2$。

同样，在此略去有关 *Geary's C* 比率的显著性检验及其讨论，具体可参阅 Cliff 等（1973、1981)、Goodchild（1986)、陈斐（2008）等的文献。

2.2.1.3 空间相关局部指标：LISA

全局空间相关指数从整体上对空间依赖程度进行概括分析，但全局指标难于分析区域内部不同子区域之间的空间相关模式，不利于进行区域内部空间集聚的动态特征分析，因此，有必要进行局部自相关分析，采用局部指标来发掘可能存在的局部显著性关联关系。空间相关局部指标表示的是空间目标与其相邻目标相似度的度量，以及每个局部目标服从总体目标趋势的度量，体现出空间依赖性随位置变化的程度。

空间相关局部分析工具主要有 $G_i(d)$ 统计（Getis and Ord，1992)、LISA（Local Indicators of Spatial Association)（Anselin，1995)、*Moran* 散点图（Anselin et al.，1996）等。本研究将采用 LISA 进行局部空间相关模式分析。

Anselin（1995）将空间相关局部指标（Local Indicators of Spatial Association，LISA）定义为满足下列两个要求的任何统计量：(1) 每

个观测的 LISA 给出了围绕这个观测的相似值的显著性空间集聚程度的一个表示；（2）所有观测的 LISA 之和与对应的空间相关全局指标成比例。

（1）局部 *Moran* 统计

根据 Anselin（1995），作为局部 LISA 的一个特例，观测单元 i 的局部 *Moran* 统计可以定义为如下形式：

$$I_i = z_i \sum_{j}^{n} w_{ij} z_j \tag{2-4}$$

式中：z_i和 z_j是观测值与均值的偏差，即 $z_i = (x_i - \bar{x})$，$z_j = (x_j - \bar{x})$。为了便于解释，使用行标准化形式的空间权重 w_{ij}，按照惯例设 $w_{ii} = 0$。因此，I_i是 z_i与观测单元 i 的周围观测单元（$j \in J_i$）观测值加权平均的乘积。

根据式（2-4），局部 *Moran* 之和为：

$$\sum_{i}^{n} I_i = \sum_{i}^{n} z_i \sum_{j}^{n} w_{ij} z_j \tag{2-5}$$

在此略去有关局部 *Moran* 统计的显著性检验及其讨论，具体可参阅 Anselin（1995）、Ord 等（1995）、陈斐（2008）等文献。然而，与 G_i和 G_i^*统计不同的是，很难获得一个 LISA 分布的一般结果。典型的，只能获得近似的或渐进的结果。

一个选择的方法是使用“条件”随机或排列方法，产生所谓的经验的伪显著性水平（Hubert, 1987）。对于 I_i 统计而言，通过计算模拟数据排列的 I_i^* 大于（小于）或等于实际数据排列的 I_i 的比例，可以获得每个 I_i 的一个伪显著性水平 p 值。p 值同样可检验所有的属性值在空间上是否随机分布。一个小的 p 值（如 $p < 0.05$）表明与观测单元 i 相关的周围观测单元具有相对较高的观测值，而一个大的 p 值（如 $p > 0.95$）表明与观测单元 i 相关的周围观测单元具有相对较低的观测值。结合观测单元 i 的观测值的信息形式和其他统计，可以确定可能存在的局部空间相关的类型。

（2）局部 *Geary* 统计

根据 Anselin（1995），使用同样的符号，观测单元 i 的局部 *Geary* 统计可以定义为如下形式：

$$C_i = \sum_{j}^{n} w_{ij} (z_i - z_j)^2 \tag{2-6}$$

不失一般性，所有观测的 C_i 统计之和为：

$$\sum_{i}^{n} C_i = \sum_{i}^{n} \sum_{j}^{n} w_{ij} (z_i - z_j)^2 \tag{2-7}$$

同样，在此略去有关局部 *Moran* 统计的显著性检验及其讨论，具体可参阅 Anselin（1995）、Ord 等（1995）、陈斐（2008）等文献。

此外，局部 *Geary* 的伪显著性水平与局部 *Moran* 统计伪显著性水平计算方法类似。具有较大的 p 值（如 $p > 0.95$）的统计量表明有一个小的极值 C_i，这也从另一方面说明观测单元 i 与其周围观测单元观测值之间存在一个正的空间相关（+ +或 − −），而有较小 p 值（如 $p < 0.05$）的统计量表明有一个大的极值 C_i，从另一方面说明观测单元 i 与其周围观测单元观测值之间存在一个负的空间相关（+ −或 − +）。

当局部 *Moran* 和局部 *Geary* 统计进行结合分析时，通常是以以下方式来识别观测单元 i 与其邻接单元之间可能存在的空间集聚模式。

1）I_i的 p 值低且 C_i 的 p 值高：正的空间相关（+ +）；

2）I_i的 p 值高且 C_i 的 p 值高：正的空间相关（− −）；

3）I_i的 p 值高且 C_i 的 p 值低：负的空间相关（+ −）；

4）I_i的 p 值低且 C_i 的 p 值低：负的空间相关（− +）。

本书在第三章的示例分析中，侧重于将上述标准与有关区域经济概念联系在一起，分析、识别可能存在的局部空间经济关联模式。

此外，在本研究中，将采用蒙特卡洛模拟分析方法对局部空间自相关指标进行检验，得到经验的伪显著性水平，具体可参阅有关文献，如陈斐（2008）等。

2.2.2　横截面数据空间线性模型

横截面数据空间线性回归模型构成了空间计量经济学中组织各种模拟方法的框架。在标准的线性回归模型中，可以用两种截然不同的方式来合并空间相关：将空间相关表示为一个形式为 Wy 的附加回归量，或者表示为误差结构（$E[\varepsilon_i\varepsilon_j] \neq 0$）中的一个附加回归量。

Anselin（1988）给出了空间计量经济分析中适用于横截面数据的空间线性模型通用形式。通过对通用模型的参数的不同限制，可以导出特定的模型。横截面数据的空间线性模型通用形式基于以下表达式：

$$\begin{aligned} y &= \rho W_1 y + X\beta + \varepsilon \\ \varepsilon &= \lambda W_2 \varepsilon + u \end{aligned} \tag{2-8}$$

且满足：$u \sim N(0, \Omega)$（误差项 u 呈正态分布），误差协方差矩阵 Ω 的对角线元素为：

$$\Omega_{ij} = h_i(za) \qquad h_i > 0 \tag{2-9}$$

式中：β 是与外生（解释）变量 X（$n \times k$）相关的参数向量（$k \times 1$），ρ 是空间滞后 W_1y 的系数，λ 是干扰项 ε 的空间自回归结构 $W_2\varepsilon$ 的系数，W_1（$n \times n$）、W_2（$n \times n$）分别与因变量的空间自回归过程和干扰项 ε 的空间自回归过程相关，可以是行标准化的矩阵，也可以是二元矩阵或其他非标准化矩阵。

2.2.2.1　空间滞后模型

空间滞后模型是横截面数据空间线性模型的特例之一，又称为空间自回归模型（Spatial Autoregressive Model，SAR）。空间滞后模型

中包括解释变量 X 和空间滞后项 Wy。形式上，空间滞后模型（又称混合的回归 - 空间自回归模型）可以表示为：

$$y = \rho Wy + X\beta + \varepsilon \tag{2-10}$$

式中：ρ 是空间自回归系数，ε 是误差项（干扰项）向量。Wy 可以估计模型中空间相关的程度，同时调整其他解释变量的影响。在对空间相关进行调整后，可以估计其他解释变量的显著性。

空间滞后模型也可以表示为：

$$y_{it} = \rho \sum_{j=1}^{N} w_{ij} y_{jt} + \alpha + x_{it}\beta + \mu_i + \nu_t + \varepsilon_{it} \tag{2-11}$$

式中：y_{it}是因变量在第 i 个观测点的 t 时期值。$\sum_{j=1}^{N} w_{ij} y_{jt}$ 表示因变量 y_{it}的邻近单元 y_{jt}对 y_{it}的交互作用效应，其中 w_{ij}是前定非负 $N \times N$ 空间权重矩阵 W 的第 i 行，第 j 列取值，用来表述样本的空间单元位置分布。ρ 是空间自回归系数。α 是常数。x_{it}是 $1 \times K$ 的外生变量的向量。β 是与之匹配的 $K \times 1$ 系数向量。ε_{it}是独立同分布的误差项向量，期望等于0，方差等于 σ^2。μ_i 表示截面特定效应。ν_t 表示时间特定效应，模型中的截面特定效应 μ_i 是不随时间而改变的哑变量，其遗漏会造成截面研究中估计结果的偏差；同样，时间特定效应 ν_t 是不随时间而改变的哑变量，其遗漏会造成时间序列研究中估计结果的偏差。如果把 μ_i 和 ν_t 视作固定效应，则截距 α 只有在 $\sum_i \mu_i = 0$ 和 $\sum_t \nu_t = 0$ 的条件下才能够被估计，另一种可选择的等价模型是除去截距项，同时放弃两个假设条件中的一个。

2.2.2.2　空间误差模型

空间误差模型（Spatial Errors Model, SEM）也是横截面数据空间线性模型的特例之一。当误差项遵循一个空间自回归过程，即每个位置上的随机误差为所有其他位置上的随机误差的函数，那么可

以以误差项 ε_i 的一个空间自回归过程的形式，将空间自相关引入模型中，即

$$\varepsilon_i = \lambda \sum_{j}^{N} w_{ij}\varepsilon_i + u_i \tag{2-12}$$

式中：符号 λ 表示自回归参数（强调与 ρ 的不同），w_{ij} 是空间权重矩阵的第 i 行中的元素；假定 u_i 是标准正态分布的，期望为0，方差为 σ^2。

形式上，SEM 误差模型可以表示为：

$$Y = X\beta + \varepsilon,$$
$$\varepsilon = \lambda W\varepsilon + u \tag{2-13}$$

形式上，空间误差模型也可以表示为：

$$y_{it} = \alpha + x_{it}\beta + \mu_i + \nu_t + \varepsilon_{it}$$
$$\varepsilon_{it} = \lambda \sum_{j=1}^{N} w_{ij}\varepsilon_{jt} + u_{it} \tag{2-14}$$

这个模型中，误差项 u 满足方差为 σ^2 且独立同分布的条件。由于误差项 ε 的均值为0，因此被解释变量 y 的均值不受空间相关的影响。虽然普通最小二乘法估计无偏，但是估计量的显著性检验和拟合度检验将存在偏差。

2.2.2.3　空间杜宾模型

空间杜宾模型（Spatial Durbin Model，SDM）同时包含被解释变量和解释变量的空间滞后项，表达式如公式（2-15）所示：

$$y_{it} = \delta \sum_{j=1}^{N} w_{ij}y_{jt} + \alpha + x_{it}\beta + \sum_{j=1}^{N} w_{ij}x_{jt}\theta + \mu_i + \nu_t + \varepsilon_{it} \tag{2-15}$$

其中，解释变量的空间滞后项表示某区域经济增长会随着其周边地区的解释变量的变化而变化。θ 和 β 一样，是 $K\times 1$ 的参数向量。该模型可以用来检验以下两个假设：H_0：$\theta=0$ 和 H_0：$\theta+\delta\beta=$

0。第一个假设用来检验空间杜宾模型是否可以简化为空间滞后模型，第二个假设用来检验空间杜宾模型是否可以简化为空间误差模型（Burridge，1981）。

对于上述三种横截面模型，空间误差模型（SEM）和空间滞后模型（SAR）在实际应用中通常会忽略其他空间效应的影响机制，导致结果可信度的下降；空间杜宾模型（SDM）在空间滞后模型（SAR）的基础上又考虑了解释变量的空间效应，因此相较于前两种模型，空间杜宾模型在实际应用中具有更良好的特性。

2.2.2.4 模型的选择方法

对于一个没有空间交互影响效应的模型来说，可以采用拉格朗日乘子（LM）的方法来检验是空间滞后模型还是空间误差模型更适合描述数据，同样稳健的 LM 检验也可以用来确定模型的选择。该检验是基于采用截面固定效应的非空间模型的残差，且服从一个自由度的卡方分布。同时，没有使用任何固定效应或者同时使用了截面和时间固定效应的非空间模型的残差也可以被替代使用。

对于空间杜宾模型而言，如果两个假说 H_0：$\theta=0$ 和 H_0：$\theta+\delta\beta=0$ 均被拒绝，则说明空间杜宾模型最适合描述数据。相反的，如果第一个假说不能被拒绝，并且 LM 检验结果也支持空间滞后模型，则说明空间滞后模型最适合；同样，如果第二个假说不能被拒绝，并且 LM 检验结果也支持空间误差模型，则说明空间误差模型最适合。但是，如果上述条件均不成立，比如 LM 检验支持空间滞后模型或空间误差模型中的某一个模型，而 Wald、LR 检验支持另一个模型，则应该选取空间杜宾模型，因为该模型包含了空间滞后和空间误差两个模型。

空间计量经济学文献可以被分为两类，一类使用了从特殊到一般的方法，另一类使用了从一般到特殊的方法。而以上检验则将两类方法混合在了一起。第一，通过估计非空间模型来检验是选择空间滞后模型还是空间误差模型，该方法是从特殊到一般。第二，在非空间模型被拒绝的情况下，估计空间杜宾模型来检验该模型是否能够简化为空间滞后模型或者空间误差模型，这是从一般到特殊。如果通过使用上述两步法确定了最佳模型为空间滞后或者空间误差模型，该结论就是可信的。相反，如果非空间模型被拒绝而空间杜宾模型不能被拒绝，则应该用更一般的模型，即空间杜宾模型。

2.2.3　空间面板数据模型：索洛－斯旺模型的空间扩展形式

2.2.3.1　基本的索洛－斯旺模型

尽管目前有关经济增长理论模型的新文献不断涌现，但是索洛－斯旺新古典经济增长模型仍然被理论者和实证者给予了很大的兴趣，它是经济学家传统上用于分析经济增长问题的主要模型，几乎对于所有有关增长的分析而言，索洛－斯旺模型都是起点。

基本的索洛－斯旺模型如方程（2－16）所示：

$$\ln(q_t)=\ln(A_{t-T})+gT+\frac{\alpha}{1-\alpha}\ln[s/(n+g+\delta)] \tag{2-16}$$

其中 q_t 表示 t 时期的稳态人均收入，T 表示考察期的时间跨度，A_{t-T}表示考察期初期的技术水平，α 表示在 Cobb-Douglas 生产函数下，资本在总产出中所占的份额，s 表示储蓄率，n 表示人口增长率，g 表示技术进步的增长率，δ 表示折旧率。

对方程（2－16）进行泰勒展开，衍生出人均产出增长率的动态线性估计模型，此模型是一个简便的增长－初始收入水平回归方程。

$$\frac{\ln(q_t/q_{t-T})}{T}=\beta_0+\beta_1\ln(q_{t-T})+\beta_2\ln[s/(n+g+\delta)]+\varepsilon \tag{2-17}$$

其中 q_{t-T}表示考察期初期的人均收入，$\beta_0=(1-e^{-\lambda T})[\ln(A_{t-T})+gT]/T$，$\beta_1=-(1-e^{-\lambda T})/T$，$\beta_2=\frac{\alpha}{1-\alpha}(1-e^{-\lambda T})/T$。模型中的 ε

代表正态分布且独立的误差项，故方程（2 - 17）可以采用 OLS 估计。参数 β_1 的估计值隐含了趋同速度 λ，$\lambda = -\ln(1+\beta_1 T)/T$，参数 β_1 和 β_2 的估计值隐含了资本在总产出中所占的份额 α，$\alpha = \beta_2/(\beta_2 - \beta_1)$。根据 Mankiw，Romer 和 Weil（1992）；Durlauf 和 Quah（1999）的研究，这个份额可以作为检验索洛 - 斯旺模型是否正确的工具（例如经典的拟合优度值），因为该值的预期在 1/3 左右。该模型认为实物资本的积累既不能解释不同时间上的人均产出的显著增长，也无法解释人均产出的巨大区域差距，而储蓄率和人口增长率是决定人均收入的稳态水平的重要变量。此模型暗示着除非 s，n，g，δ 存在差异，否则不同经济体会趋向于相同的资本和人均产出均衡增长路径。

2.2.3.2 索洛 - 斯旺模型的空间扩展形式

理论界的文献往往强调某一特定因素对人均收入稳态和经济增长的决定性作用，由理论模型引出的实证文献也多关注于区域经济增长领域。然而这些实证文献中一个有趣的共同点是，往往把具有异质性的国家、区域看作封闭的经济体，换句话说，这些实证模型几乎全部忽略了区域间的交互作用。事实上，不论是理论还是实证文献都表明，区域并不是同质、独立的。进一步，忽略空间位置对经济增长的影响还可能导致结果有偏，甚至造成研究结论的错误。

各区域经济体的空间位置能够影响整个区域的经济增长，这一假说近年来获得了索洛 - 斯旺扩展模型的理论支持，同时也有大量的文献从实证角度支持了该假说。Rey 和 Montouri（1999）较早地采用新古典的方法，在控制空间异质性和空间相关性的条件下检验了美国经济的绝对收敛情况。之后，López-Bazo，Vayá 和 Artís（2004）；Fingleton 和 López-Bazo（2006）；Ertur 和 Koch（2007）从经济理论模型方面支持了经济体的相对位置的假说，该假说认为经济体相对于其他经济体位置的远近是决定该经济体经济增长以及经济稳态水平的因素之一。为了构建区域间相互依赖的模型，López-Bazo，Vayá 和 Artís（2004）假设空间外部性来自物质资本和人力资本的积累，而 Ertur 和 Koch（2007）假设空间外部性是由科技的相互依赖产生的，Ertur 和 Koch（2007）将技术定义为如下方程：

$$A_{it} = \Omega_t k_i^{\varphi}(t) \prod_{j=1}^{N} A_{jt}^{\gamma w_{ij}} \tag{2-18}$$

其中 i（=1，…，N）指代某一特定的经济体。如同基本的索洛-斯旺模型，技术进步部分被假设为外生的，对于所有经济体，有 $\Omega_t = \Omega_0 e^{gt}$。这样，由于资本产生的知识溢出，经济体 i 的技术水平也与单位劳动力的物质资本水平相关。该物质资本外部性的大小用参数 φ（$0 < \varphi < 1$）来表示。同时，假设这些外部性对临近经济体 j（=1，…，N）的影响是关于距离的递减函数 γw_{ij}，其中，γ 是被估计的未知参数，w_{ij}是 $N \times N$ 空间权重矩阵 W 中用来描述第 N 个经济体空间位置安排的一个元素。

在所有经济体的收敛速度相同的假设下，人均收入的稳态表达式如下：

$$\ln(q_t) = \gamma \frac{1-\alpha}{1-\alpha-\varphi} W\ln(q_t) + \frac{1}{1-\alpha-\varphi}\ln(A_{t-T}) + gT + \frac{\alpha+\varphi}{1-\alpha-\varphi}$$

$$\ln[s/(n+g+\delta)] + \gamma \frac{1-\alpha}{1-\alpha-\varphi} W\ln[s/(n+g+\delta)] \tag{2-19}$$

其中，$\ln(q_t)$，$\ln(A_{t-T})$ 和 $\ln[s/(n+g+\delta)]$ 表示每个经济体中相应的 $N \times 1$ 的向量。当 γ 和 φ 均为零时，此模型简化为基本索洛-斯旺模型。

通过对方程（2-19）使用泰勒展开，衍生出人均产出增长率的动态线性估计模型，从而生成增长-初始收入水平的回归方程：

$$\frac{\ln(q_t/q_{t-T})}{T} = \rho W \frac{\ln(q_t/q_{t-T})}{T} + \beta_0 + \beta_1 \ln(q_{t-T}) + \beta_2 \ln[s/(n+g+\delta)] +$$

$$\beta_3 W\ln(q_{t-T}) + \beta_4 W\ln[s/(n+g+\delta)] + \varepsilon \tag{2-20}$$

其中：$\beta_1 = -(1-e^{-\lambda T})/T$，$\beta_2 = (\alpha+\varphi)/(1-\alpha-\varphi)(1-e^{-\lambda T})/T$，$\beta_3 = \gamma(1-\alpha)/(1-\alpha-\varphi)(1-e^{-\lambda T})/T$，$\beta_4 = -\gamma\alpha(1-\alpha-\varphi)(1-e^{-\lambda T})/T$，$\rho = \gamma(1-\alpha)(1-\alpha-\varphi)$。此模型在空间计量经济文献中被称为无约束的空间杜宾模型，其自变量和因变量均存在空间滞后项。由于 $0<\alpha<1$，$0<\varphi<1$，γ 和 ρ 被定义为相同的区间（$1/\omega_{min}$，$1/\omega_{max}$），其中 ω_{min} 表示 W 的最小特征值（如最小的负数），ω_{max} 表示 W 的最大特征值（如最大的正数）。此处注意对于行标准化的空间权重 $\omega_{max}=1$。另外，W 应满足 Lee（2004）或者 Yu，de Jong 和 Lee（2008）提出的正则条件。与基本的索洛－斯旺模型一样，参数 β_1（或者 β_3）的估计值隐含了年收敛速度 λ。α，φ 和 γ 等未知参数隐含在 β 和 ρ 的参数估计中。

$$\alpha = \frac{\beta_4}{\beta_4-\beta_3}, \varphi = \frac{\beta_2}{\beta_2-\beta_1} - \frac{\beta_4}{\beta_4-\beta_3}, \gamma = \frac{\beta_4-\beta_3}{\beta_1-\beta_2} \tag{2-21}$$

其中，$\beta_3+\rho\beta_1=0$，否则这些未知参数超定。

方程（2－20）为 Ertur 和 Koch（2007）通过对技术项扩展建立的空间杜宾模型。而 López-Bazo，Vayá 和 Artís（2004）通过对技术项的扩展，建立了只含有经济增长和初始收入变量的空间滞后项，不包含 ln［$s/(n+g+\delta)$］的空间滞后项。这是因为 López-Bazo，Vayá 和 Artís（2004）的模型假设所有经济体的收敛速度相同，而 Ertur 和 Koch（2007）在估计他们的模型时，去除了这个假设。

和方程（2－16）相比，方程（2－19）并没有给出人均收入稳态的显式表达式，因为因变量 ln（q_t）项也出现在等式的右边。不过 ln（q_t）可以通过方程（2－20）解出。首先在方程（2－20）的两边同乘以 T，然后将其重写为以下形式：

$$B\ln(q_t) = A\ln(q_{t-T}) + \beta_X \tag{2-22}$$

其中 $\beta_X = T\ \{\beta_0 + \beta_2 \ln\ [s/\ (n+g+\delta)]\ + \beta_4 W \ln\ [s/\ (n+g+\delta)]\}$，$A =\ (1+T\beta_1)\ I + T\beta_3 W - \rho W$，$B = I - \rho W$。对于这个模型的收敛，Elhorst（2001）发现矩阵 $B^{-1}A$ 的特征值应该在单位元之内。如果 ω_i 表示空间权重矩阵 W 的 N 个特征值之一，那么 $B^{-1}A$ 的特征值应该为 $(1 + T\beta_1 + T\beta_3 - \rho\omega_i)\ /\ (1 - \rho\omega_i)$。如果空间权重矩阵是行标准化的，那么其最大特征值等于 1，并且有 $\beta_1 + \beta_3 < 0$。Elhorst（2001）发现相应的稳态值可以通过 $\ln\ (q_t)\ = (B - A)^{-1} \beta_X$ 获得，即

$$\ln(q_t) = \left(1 + \frac{\beta_3}{\beta_1} W\right)^{-1} \left\{ -\frac{\beta_0}{\beta_1} - \frac{\beta_2}{\beta_1} \ln[s/(n+g+\delta)] - \frac{\beta_4}{\beta_1} W \ln[s/(n+g+\delta)] \right\} \tag{2-23}$$

为了检验某特定经济体的 s，n，g 和 δ 是否影响经济增长率和经济稳态水平，我们应该检验方程（2-20）中的 β_2 和方程（2-23）中的 $-\beta_2/\beta_1$ 是否显著不为零。为了检验经济体的相对位置是否影响经济增长率和经济稳态水平，我们考虑下面四个假说：

H_1：某经济体的经济增长率与相邻的经济体的经济增长率相关；

H_2：某经济体的经济增长率受相邻经济体的 s，n，g 和 δ 影响；

H_3：某经济体的经济稳态水平与相邻经济体的 s，n，g 和 δ 有直接关系；

H_4：某经济体的经济稳态水平与相邻经济体的 s，n，g 和 δ 有间接关系。

前两个假说可以通过检验方程（2-20）中的 ρ 和 β_4 是否分别显著不为零来验证。后两个假说可以通过检验方程（2-23）中的 $-\beta_4/\beta_1$ 和 β_3/β_1 是否分别显著不为零来验证。

方程（2-20）所展示的非限制空间杜宾模型可以推广为空间滞后模型和空间误差模型，这两类模型是很多有关经济增长的空间计量经济学文献的关注点。当 $\beta_3 = \beta_4 = 0$ 时，方程（2-20）变为空间

滞后模型，这意味着空间滞后模型只能在检验假说 H_1 的时候成立。当系数满足 $\beta_3 = -\rho\beta_1$ 和 $\beta_4 = -\rho\beta_1$ 两个条件时，方程（2－20）变为空间误差模型，此时的模型也被称为有限制的空间杜宾模型。前一个限制在之前的理论模型设定中也被提及，因此，此限制在于防止未知参数超定。但第二个条件并不是必需的，因为没有理论或者实证原因去限制它。这些限制条件将在后续的分析中得到检测。

2.2.4 经济收敛理论与方法

经济收敛也叫经济增长收敛（convergence，收敛、趋同），指在封闭的经济条件下，在一个有效经济范围内的不同经济单位之间，由于受到要素的边际报酬递减规律的制约，初始条件的人均产出或人均收入与其经济增长率（速度）之间存在负相关关系，即落后地区比发达地区有更高的增长率。因此从长期来看，发达地区终将被相对落后地区追赶上。区域经济收敛不仅仅满足于经济增长收敛，而且更突出了通过收敛缩小区域经济的差距。

收敛的概念是索洛增长模型（1956）的一个重要内涵。假设劳动力和技术进步水平是指数形式，其增长率分别用 n 和 g 表示，以下方程是索洛增长模型的基本微分方程：

$$\dot{k} = sf(k) - (n + g + \delta)k \tag{2-24}$$

其中，k 代表单位有效劳动的资本或简称人均资本，f（k）表示单位有效劳动资本的产出函数，s 是固定的储蓄率，δ 是固定的资本折旧率。在（2－24）式中右边的第一项 sf（k）表示实际投资，（$n+g+\delta$）k 表示持平投资。若实际投资大于持平投资，$\dot{k}>0$，则随时间的发展人均资本有上升的趋势，k 一直向右逼近稳态人均资本水平 k^* 直到等于 k^*。若实际投资小于持平投资，$\dot{k}<0$，则随时间的发展人均资本有下降的趋势，k 一直向左逼近 k^* 直到等于 k^*。那么索

洛增长模型到底与经济收敛的关联在哪呢？关键在于：索洛增长模型正是由于存在稳态均衡，才有经济收敛的可能性；没有稳态存在就谈不上收敛。边际效益递减规律隐含了经济收敛规律。由于边际效益递减，人均资本 k 越大则边际人均收入 y 的增量越小，换句话说，人均收入增长率$\dot{y}$是人均资本 k 的减函数（或 $\partial \dot{y}/\partial k < 0$）即人均收入增长率与初始人均资本呈负相关。这正是经济增长的绝对收敛的定义。

Barro 和 Sala－I－Martin（1990，1991）从严格的计量经济学角度定义了 σ 收敛和 β 收敛，其中 β 收敛分为绝对 β 收敛和条件 β 收敛。Barro 和 Sala－I－Martin（1992）为严格地度量收敛还引进了 σ 收敛，它是用一段时间内国家或地区间的人均收入的标准差来衡量的。方程（2－25）为 σ 收敛的定义：

$$\sigma_t^2 = \frac{1}{n}\left(\sum_{i=1}^{n}\log y_{i,t} - \frac{1}{n}\sum_{i=1}^{n}\log y_{i,t}\right)^2 \qquad (2-25)$$

其中 $y_{i,t}$是 i 区域在 t 时间段的人均 GDP 或人均收入。对于两个不同的时间，t 和 $t+T$，如果 $\sigma_{t+T} < \sigma_t$，则意味着存在 σ 收敛，否则在 t 到 $t+T$ 时期不存在 σ 收敛。

β 收敛是测量国家或区域间经济收敛的另一种形式，其内涵是贫穷的国家要比富裕的国家增长速度快。β 收敛的概念也来源于索洛－斯旺模型，但同 σ 收敛一样，并不意味着国家间经济增长将达到相同的稳态，比如，Atkins 和 Boyd（1998）研究了 CARICOM 成员国之间的收敛情况，发现了不同稳态的存在。Barro 和 Sala－I－Martin（1990，1992）在检测美国 48 个州的收敛情况时，给出了经典的绝对 β 收敛方程：

$$\frac{\ln y_{i,t+T} - \ln y_{i,t}}{T} = \alpha + \beta \ln y_{i,t} + \mu_{i,t} \qquad (2-26)$$

在 β 收敛的截面模型中，方程左边为 i 观测点在两个不同时点之间的人均收入的对数值的平均变化量，方程右边为一个常数和前面一个时点的人均收入的对数值。对于收敛存在的情况，时间 t 和$t+T$之间的平均增长率必定与初始收入水平负相关。这样，在以上的回归方程中，$\beta<0$。根据方程（2－26）我们可以计算绝对 β 收敛。进一步，收敛速度 b 能够根据 Maurseth（2001）提供的以下方程计算出来：

$$\beta=-\left(\frac{1-e^{-bT}}{T}\right) \tag{2-27}$$

方程（2－26）和（2－27）的结果只与初始人均收入水平有关，与其他变量无关。但是实际上，区域人均收入增长率不仅仅依赖于初始人均收入水平，也和要素资源禀赋、产业结构以及区域间的流动性等因素有关。

β 收敛的一个放宽限制的形式是它的条件收敛形式，即在方程中增加新的控制变量。如果在方程（2－26）中考虑增加一些控制变量，其回归结果依然显示在（$\ln y_{i,t+T}-\ln y_{i,t}$）/$T$ 和 $\ln y_{i,t}$之间存在负相关关系，那么条件 β 收敛存在。Mankiw 等（1992）使用的方法，是控制一系列控制变量 X 来估计条件 β 收敛。该模型选取时间长度为 T，方程形式为截面方程：

$$\frac{\ln y_{i,t+T}-\ln y_{i,t}}{T}=\alpha+\beta\ln y_{i,t}+\sum_{j}c_{j}X_{i}^{j}+\mu_{i,t} \tag{2-28}$$

σ 收敛为最严格的收敛形式。它意味着一组国家人均 GDP 的标准差随时间下降。当存在 σ 收敛时，人均 GDP 初始水平低的国家的经济增长速度必定比人均 GDP 初始水平高的国家快。换句话说，如果存在 σ 收敛，那么 β 收敛必定存在。

方程（2－29）显示了 σ 收敛和 β 收敛之间的联系：

$$\sigma_{t}^{2}=(1+\beta)\sigma_{t-1}^{2}+\sigma_{u}^{2} \tag{2-29}$$

其中，β 是估计系数，σ_{u}^{2} 代表误差项 u 的方差。此外，如果 σ 收敛存在，那么必然有 $\beta<0$，也就意味着 β 收敛必定存在。

第三章　中国区域经济增长空间相关模式分析及地区比较

根据第二章介绍的探索性空间数据分析（ESDA）中的空间统计分析技术，本章在对区域经济增长空间集聚与空间相关模式进行分析时，选择空间自相关分析方法，以全国 339 个地级市 1992 ~ 2010 年不同时段各区域人均 GDP 的年增长率为分析指标，定量分析区域经济增长的空间集聚现象，可视化描述区域经济增长空间分布格局，发现区域经济增长的空间集聚与空间相关模式，揭示区域之间的空间分布规律与空间相互作用机制；并分别考察 1992 ~ 2000、2000 ~ 2010 两个时段，综合分析全国及五大区域经济增长的空间集聚特征，对五大区域的经济增长空间相关模式进行比较。

3.1　中国区域经济增长的空间分布模式及其变化

3.1.1　研究区域的分区与数据收集

对中国区域进行划分的方法有很多种。自 2003 年以来，按综合功能划分的方法较为流行，该方法是将整个中国分为 4 个经济区域，包括东部，中部，东北和西部地区。随着区域协同发展的思想在区域经济发展政策分析方面越来越流行，另一种典型的划分方法出现，这种方法将中国划分为5个地区，包括东部，中部，东北部，西南部和西北部。这两种划分方法的不同在于，前者中的西部在后者中被分为西南部和西北部两部分。详细情况见图3－1。

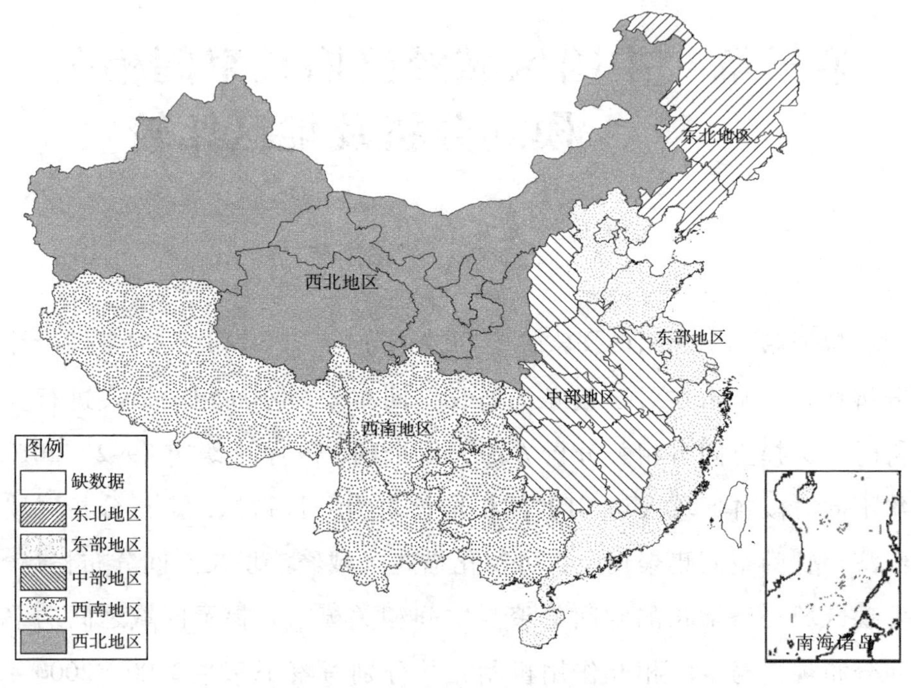

图3－1 中国五大区示意图

由于区域经济的空间探索性数据分析结果跟区域研究单元的尺度有关，所以，区域经济增长的空间集聚情况将受到空间尺度和时间尺度的影响。因此，需要采用适当尺度的研究单元、合适的特征年份开展中国区域经济增长空间集聚特征变化的研究。

显然，以省份为研究单元开展本研究，其面积太大。各省份的经济增长模式大多是以省会为中心向外辐射减弱，区域范围内的经济增长差异较大，以省份为研究单元，将导致无法真实反映研究单元内部经济增长的空间集聚特征及变化；而以各县为研究单元，会将市区与县在同一尺度上进行比较，事实上，市区与县的经济情况相差较大，不具有可比性。因此，本书选取地级市为基本研究单元，其地域面积适中，城市规模足够大，尤其是中心城市大多为大中城市，能够成为集聚与扩散经济要素能力较强的增长极。

基于此，考虑到港澳台、西藏等地区经济数据获取的可行性而未计入分析样本外，本书选取了全国其他省区市共 339 个地级市为样本，并按全国和五大区域分别开展相关研究。由于北京、天津、上海三个直辖市在区域细分时的相对难度，并考虑到数据分析时对地理连通性的要求，在确定实际样本数时，北京、天津、上海均被分别视为一个样本单元。因此，东部地区包括 87 个样本（北京 1 个、天津 1 个、上海 1 个、河北 11 个、浙江 11 个、江苏 13 个、福建 9 个、广东 21 个、山东 17 个、海南 2 个），东北地区包括 36 个样本（黑龙江 13 个、吉林 9 个、辽宁 14 个），中部地区包括 88 个样本（河南 18 个、湖北 17 个、湖南 14 个、山西 11 个、安徽 17 个、江西 11 个），西北地区包括 64 个样本（内蒙古 12 个、陕西 10 个、甘肃 14 个、宁夏 5 个、新疆 15 个、青海 8 个），西南地区包括 64 个样本（广西 14 个、贵州 9 个、云南 16 个、重庆 4 个、四川 21 个）。

本研究的省级单元层面数据来自中国统计年鉴和各省（区、市）统计年鉴。选择的样本省（区、市）共 30 个，包括除了西藏、香港、澳门和台湾地区的其他省份。选择的时间段为 1984 ~ 2010 年。本研究的地级单元层面数据均来源于各省（区、市）统计年鉴。由于全国所有地级数据收集的客观困难，本书中选择的时间段为 1992 ~ 2010 年。此外，部分地级市（州、盟）的人均 GDP 数据，通过 GDP/人口计算获得，或用移动平均补齐数据（如安徽 1995 年前）。所有数据经过价格因素处理，增强了可比性。行政区划变动时，尤其是 2000 年前西南的四川、广西等地市拆合较多，数据处理时主要根据当年的行政区域通过 σ - 收敛指数方程计算每一年的 σ_t，尽管每年的行政区域不一样。

此外，还有一些数据需要收集。如地理空间数据，将采用全国各地级市行政区的空间矢量数据，数据来源于国家基础地理信息系统 1∶400 万数据库。采用 GCS_WGS_1984 坐标系，在 ArcGIS 软件中提取全国地级市面状数据，为之后的探索性空间数据分析中空间权重矩阵计算、空间自相关分析提供数据支持。

3.1.2 中国区域经济增长的空间分布模式

根据前述的数据处理方法，计算出全国 339 个地市不同时段人均 GDP 的年均增长率，并将增长率按 0%、5%、10%、15%、20% 等将所有地市样本划分为不同层次，并以图形化的方式表示不同时间段全国各地市的人均 GDP 年均增长速度的空间分布模式，如图3－2 所示。

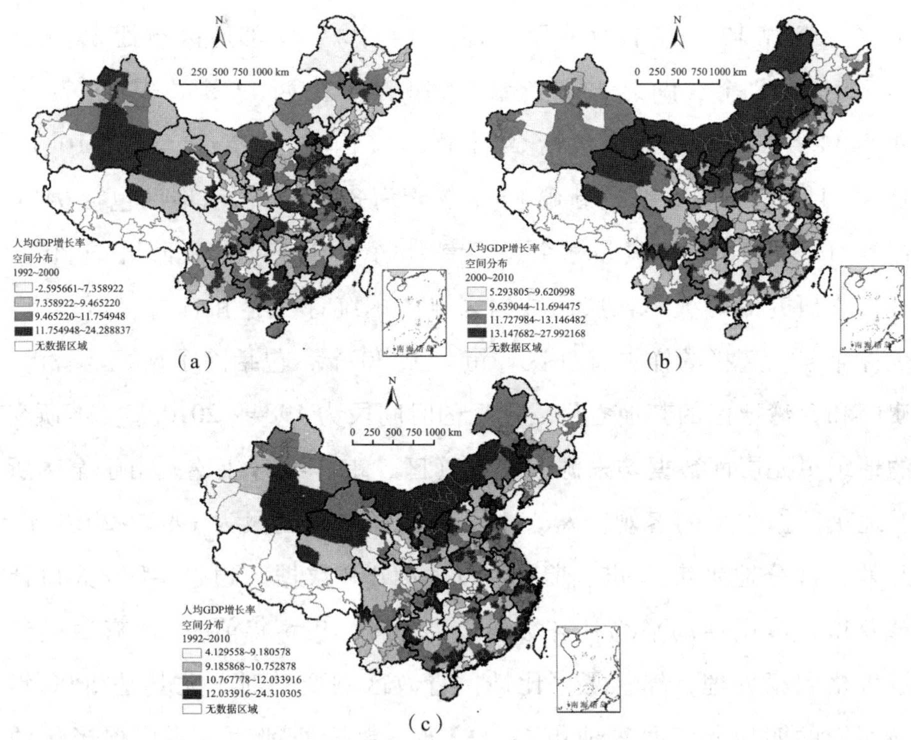

图 3－2 不同时段人均 GDP 年均增长率空间分布模式

3.1.2.1 1992～2000 时段分析

根据图 3－2（a），在 1992～2000 时段，除了湖北省的襄樊市

（－2.595661%）、孝感市（－2.017784%）的年均增长率为负值外，其他地区的增长率均为正值。整体来看，年均增长率在10%以内的有187个，10%～20%范围内的有145个，年均增长率在20%以上的有5个，说明全国大部分区域具有较高的经济增长率。其中广东省的东莞市（24.288837%）年均增长率在所有地区中最高，广西的玉林市（24.226985%）、安徽省的亳州市（22.577205%）、重庆市的万县区（22.389064%）、广东省的深圳市（20.702384%）也有非常高的年均增长率。整体上增速较快的区域分布相对集聚，主要分布在东部沿海的大部分区域，东北的中部区域，中部的河南省、安徽省，西北地区内蒙古的鄂尔多斯市、青海省的西部区域、新疆的中部区域，西南的广西大部分区域、重庆市等地；而增速比较慢的区域主要分布在东部地区的北部和南部，中部的山西、湖北、湖南、江西，西北地区的大部，西南地区的大部。

不难看出，尽管改革开放初期，1992～2000时段内全国大部分区域保持着较高的经济增长率，但不同地区之间的经济差异是比较明显的：东北、中部、西部地区的经济增长速度和东部沿海城市存在明显的差距。在改革开放的良好机遇下，东部沿海在经济增长的同时，也拉大了与其他区域之间的差距，全国不同地区的经济增长出现了明显的失衡现象。

3.1.2.2　2000～2010时段分析

根据图3－2（b），在2000～2010时段，全国经济的年均增长率均为正值（最小5.293805%）。年均增长率在10%以下的有88个，10%～20%范围内的有243个，20%～30%范围内的有8个。年均增长率在20%以上的地区主要分布在内蒙古、陕西的榆林市、甘肃的嘉峪关市、江西的新余市等地区，其中，内蒙古的鄂尔多斯市年均增长率达到27.992168%，位居全国之首；相对而言，增速较慢的区域分布较为分散，以年均增长率7%以下的为例，这些区域主要包括云南省的玉溪市，湖北省的天门市、仙桃市、荆州市，广东省的汕头市、云浮市，河北省的衡水市和黑龙江省的大庆市，经济增长率较慢的区域有向中东部偏移的趋势。

和 1992 ~ 2000 时段相比，可以明显看出，全国各地区经济年均增长率有了非常明显的提高，全国有 60% 以上的地市的经济年均增长率保持在 10% 以上。从全国来看，除了西北内蒙古大部、青海西部、重庆市等地区的年均增长率明显较高外，其他地区的年均增长率分布较为均匀，没有明显的集聚现象。这说明，进入 21 世纪以来，为了解决区域公平问题，在发展经济条件较好地区的带动下，国家实施的一系列区域协调发展战略，如西部大开发战略、促进中部崛起战略、振兴东北老工业基地战略等，取得了明显的效果，这不仅促进了区域经济结构的合理性，更有利于区域经济的全面、持续和协调发展。

3.1.2.3 研究时段的综合分析

根据图 3 - 2（c），从 1992 ~ 2010 年这一近二十年的研究时段来看，全国各地市经济的年均增长率均为正值。年均增长率在 10% 以内的有 121 个，10% ~ 20% 范围内的有 216 个，20% 以上的有 2 个（鄂尔多斯市 24.310305%、榆林市 20.456911%）。整体来看，增速较快的区域分布相对集聚，主要分布在东部沿海地区，西北地区北部，西南地区广西中东部、重庆市等地。

和 1992 ~ 2000、2000 ~ 2010 两个时段相比，年均增长率在 10% ~ 20% 范围内的区域数量保持了总体增加，全国各地市的经济增长率有了较大提高，但年均增长率在 20% 以上的地区数量比其他两个时段都少，这可能是各地区经济增长率在较大时间跨度内平衡之后造成的，比如 1992 ~ 2000 时段内东部地区发展较快，虽然 2000 ~ 2010 时段内东部地区也保持了较快的经济发展速度，但中、西、东北地区在 2000 ~ 2010 时段内具有更快的发展速度，当从1992 ~ 2010 时段进行综合考虑时，不同区域之间的经济差异将相对缩小，年均增长率也呈现出逐渐平衡的趋势。年均增速较慢的区域相对集中，以年均增长率7%以下的为例，该范围内的区域主要包括黑龙江省北部（大兴安岭地区、伊春市、黑河市、绥化市）、湖北省中北部等地区。

3.2　中国区域经济增长空间自相关分析及地区差异

3.2.1　中国区域经济增长空间自相关的整体分析

根据第二章中的空间统计分析相关理论与方法，采用一阶空间邻接矩阵，计算出全国和五大区域1992～2010年各个时间段区域经济增长的全局自相关 *Moran's I* 指数及其检验值，结果见表3－1。在分别计算五大区域经济增长空间自相关 *Moran's I* 指数时，分别将每个大区作为一个整体区域，同样采用地市级层面的人均 GDP 年均增长率。

表3－1　全局空间自相关 *Moran's I* 指数及显著性检验统计量

区域	1992～2000年			2000～2010年			1992～2010年		
	Moran's I	Z值	*p*	*Moran's I*	Z值	*p*	*Moran's I*	Z值	*p*
全国	0.244639	7.585791	0.000000	0.339993	10.557761	0.000000	0.313611	9.723632	0.000000
东部	0.293901	4.269062	0.000020	0.243831	3.538086	0.000403	0.244298	3.568388	0.000359
东北	0.304453	3.213236	0.001312	0.097199	1.209504	0.226469	0.303861	3.245028	0.001174
中部	0.142781	2.417411	0.015631	0.222270	3.656558	0.000256	0.258574	4.194215	0.000027
西北	0.117848	1.792999	0.072973	0.400911	5.616105	0.000000	0.443678	6.276810	0.000000
西南	0.273816	3.967274	0.000073	0.154170	2.288784	0.022092	0.285090	4.130299	0.000036

由表3－1可以看出，3个时段全国和五大区域的人均 GDP 年均增长率的全局 *Moran's I* 值均为正，说明不同时间段内区域经济增长存在空间上的区域集聚现象，存在显著的正的空间自相关。3个时

间段内，除了 1992～2000 时段西北地区（$p = 0.072973$）、2000～2010 时段东北地区（$p = 0.226469$）外，其他区域在 3 个时间段内均通过了 $p = 0.05$ 的显著性检验；除了 1992～2000 时段内中部地区（$p = 0.015631$）、西北地区（$p = 0.072973$），2000～2010 时段内东北地区（$p = 0.226469$）、西南地区（$p = 0.022092$）外，其他区域在 3 个时间段内均通过了 $p = 0.01$ 的显著性检验，说明这些区域在不同时间段内的区域经济增长存在显著的正的空间自相关，全国和五大区域人均 GDP 年均增长率均具有明显的空间集聚现象。

从全国来看，3 个时间段内全国的空间自相关指数明显高于五大区域，全国的自相关水平均通过了 $p = 0.01$ 的显著性检验，且自相关指数呈增大趋势，说明全国各地市经济增长率水平相似的地区在空间上呈现出集聚分布的态势，各地市的人均 GDP 增长水平在很大程度上受到周围地市的影响，并且这种空间上的集聚趋势在逐渐增强，由此可以分析，距离经济增速较高地区近的区域由于受到经济辐射强度的影响而具有与增速较高区域经济相类似的经济增长的机会。

3.2.2 五大区域经济增长空间自相关的比较分析

根据表 3－1，东部地区在 1992～2000 时段内的空间自相关显著性水平要强于五大区域中的其他四个区域，说明该时间段内东部地区人均 GDP 年均增长率相似的地市在空间上呈现出更明显的聚集趋势，经济发展速度相似的地市表现出高度的空间集聚特征。结合东部各地市人均 GDP 年均增长率数据，可知东部地区在全国范围内对经济增长的带动作用较为突出。虽然东部地区在 2000～2010、1992～2010 时段内的自相关水平也通过了 $p = 0.01$ 的显著性检验，但两个时间段内的自相关水平有下降趋势，且显著性水平出现了弱于中部、西北地区的情况，说明在东部经济快速增长的同时，国家的经济发展战略发挥了较为明显的作用，缩小了东、中、西部之间的经济差异。

东北地区 1992～2000 时段内的空间自相关 *Moran's I* 指数要高于五大区域中的其他四个区域，且通过了 $p=0.01$ 的显著性检验，说明该时间段东北地区各地市人均 GDP 年均增长率之间存在显著性的空间自相关，但 2000～2010 时段内的自相关水平下降趋势明显，低于其他所有区域，且该时间段内的空间自相关没有通过 $p=0.1$ 的显著性检验，表明经济集聚程度明显减弱，区域内各地市之间的经济辐射强度较弱。结合人均 GDP 年均增长率数据，在 2000～2010 时段，东北地区经济增长相对偏低且空间集聚程度减弱。

中部地区两个时段内的空间自相关 *Moran's I* 指数呈现明显的上升趋势，在 1992～2000 时段内，中部地区的自相关水平低于东部、东北和西南地区，表明区域内的经济增长空间集聚水平低于以上三个区域，该时间段内出现了“中部塌陷”的经济现象。随着国家“促进中部崛起”战略的提出与实施，2000～2010 时段内，中部地区各地市人均 GDP 年均增长率及其空间自相关的显著性水平有了明显提高，区域内经济增长水平相似的地市的空间集聚模式得到增强。

西北地区 1992～2000 时段内的空间自相关指数值位于五大区域中的末位，说明该时间段区域内各地市之间空间经济联系相对弱一些，经济增长的辐射作用相对弱于其他区域；此外该时间段内西北地区整体经济增长水平相对偏低。随着国家区域发展战略的调整，在 2000～2010 时段内，该区域的人均 GDP 年均增长率自相关水平有了较大提升，*Moran's I* 指数大小由原来的末位升到了五大区域中的首位且通过了 $p=0.01$ 的显著性检验，说明该时间段西北地区各地市之间的空间经济联系明显加强且存在显著的空间自相关，区域经济增长速度有了明显提高，区域经济发展有了较大改善。

西南地区三个时间段内空间的自相关 *Moran's I* 指数值一直位于五大区域中的中间位置，且 1992～2000、2000～2010 时段内的 *Moran's I* 指数的显著性水平呈减弱趋势，虽然在 1992～2000 时段内的空间自相关通过了 $p=0.01$ 的显著性检验，但 2000～2010 时段内的空间自相关只通过了 $p=0.05$ 的显著性检验，说明西南地区各地市经济增长的空间集聚程度有所下降，各地市之间的空间经济关联程度有所减弱。

3.3 中国区域经济增长空间关联局部模式分析及地区差异

同样，采用 1992～2010 年各个时间段各区域内地级市人均 GDP 年均增长率作为分析指标，分别计算各研究单元的局部 *Moran* 和局部 *Geary* 统计量，分析区域经济增长局部空间相关性。在具体计算时，采用多序列蒙特卡洛随机模拟方法计算局部 *Moran* 和局部 *Geary* 统计量的伪显著性水平。本节将满足局部 *Moran* 和局部 *Geary* 统计的显著性检验水平（$p \leqslant 0.05$）的地区以图的形式表现；为更好地考察局部空间经济关联的潜在模式，本节还将结合各区域内局部 *Moran* 统计及局部 *Geary* 统计的伪显著性水平（取 $p \leqslant 0.10$ 的检验水平）加以分析。

3.3.1 全国区域经济增长局域空间自相关分析

以全国 339 个地级市的邻接矩阵为空间权重矩阵，分别计算 1992～2000 年、2000～2010 年、1992～2010 年 3 个时间段各地市局部 *Moran* 系数和局部 *Geary* 系数，同时采用多序列蒙特卡洛模拟方法计算各局部统计量的伪显著性水平。

3.3.1.1 全国区域经济增长局部 LISA 显著性水平分析

分别计算得到 1992～2000 年、2000～2010 年、1992～2010 年 3

个时间段内满足局部 *Moran* 和局部 *Geary* 统计的显著性检验水平（$p \leqslant 0.05$）的地市，然后将结果按区域分布情况进行汇总得到表3-2，并且图 3-3（a）、（b）、（c）分别反映了不同时段的空间分布情况。

表 3-2　显著性水平（$p \leqslant 0.05$）条件下区域分布情况

时间段	局部统计模式	显著性水平	地市个数	与邻近地市之间的关系
1992~2000年	局部 *Moran* 统计	$p-Ii \leqslant 0.05$	38	邻近地市观测值相对较高
		$p-Ii \geqslant 0.95$	33	邻近地市观测值相对较低
	局部 *Geary* 统计	$p-Ci \geqslant 0.95$	74	正相关
		$p-Ci \leqslant 0.05$	14	负相关
2000~2010年	局部 *Moran* 统计	$p-Ii \leqslant 0.05$	30	邻近地市观测值相对较高
		$p-Ii \geqslant 0.95$	31	邻近地市观测值相对较低
	局部 *Geary* 统计	$p-Ci \geqslant 0.95$	57	正相关
		$p-Ci \leqslant 0.05$	14	负相关
1992~2010年	局部 *Moran* 统计	$p-Ii \leqslant 0.05$	28	邻近地市观测值相对较高
		$p-Ii \geqslant 0.95$	29	邻近地市观测值相对较低
	局部 *Geary* 统计	$p-Ci \geqslant 0.95$	66	正相关
		$p-Ci \leqslant 0.05$	15	负相关

从图 3-3（a）和表 3-2 中可以得出 1992~2000 时段的局部 *Moran* 系数和局部 *Geary* 系数及相应的伪显著性水平，如果取检验水平 $p \leqslant 0.05$，具有显著性的局部 *Moran* 统计（$p-Ii \leqslant 0.05$）的地市有 38 个，这些地市主要分布在浙江省、广东省、广西壮族自治区、福建省、安徽省、山东省、河南省等省份，表明与这些地市邻近的地市均具有较高的经济增长速度，显示出相对较快的区域经济增长模式。具有显著性的局部 *Moran* 统计（$p-Ii \geqslant 0.95$）的地市有 33 个，以湖北省的荆门市为例，该地市年均增长率较低，表明与其邻近地市均具有较低的经济增长速度，显示出相对滞后的区域经济增长模式。

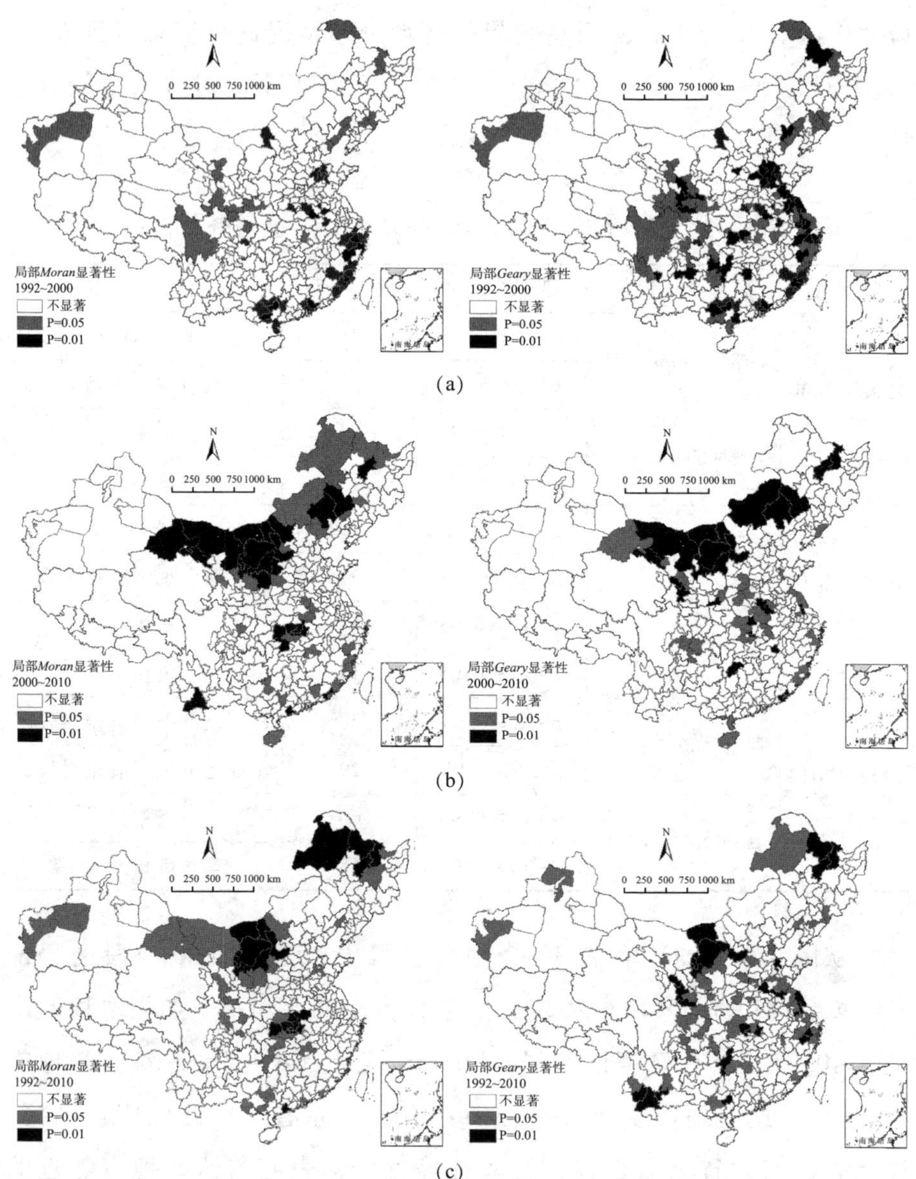

图 3-3　1992~2010 年不同时间段全国各地市局部 LISA 显著性水平示意图（100000 次随机排列）

具有显著性的局部 *Geary* 统计（$p-Ci \geqslant 0.95$）的地市有 74 个，这些

地市主要分布在安徽省、福建省、甘肃省、广东省、广西壮族自治区、贵州省、河北省、河南省、湖北省、湖南省、黑龙江省、吉林省、辽宁省、江苏省、宁夏、山东省、上海市、四川省、云南省、浙江省的部分区域。对于沿海的部分发达地区，如广东的东莞市、深圳市，结合其初始属性值，可以得出其与邻近区域之间存在正的空间关联关系（可以将这种关联关系标识为一种扩散效应），这也显示出该区域相对较快的区域经济增长模式；对于欠发达地市，如湖北省的荆门市、潜江市、天门市，虽然这些地市具有显著性的局部 *Geary* 统计（$p-Ci \geqslant 0.95$），其与邻近区域均具有较低的经济增长速度，但结合其初始属性值，显示出该区域相对滞后的区域经济增长模式。具有显著性的 *Geary* 统计（$p-Ci \leqslant 0.05$）的地市有 14 个，以湖北省宜昌市（$p-Ci=0.00188$）为例，其年均增长率为 13.53%，因此该地市与邻近地市均存在较高的经济增长速度，显示出该地区相对较快的经济增长模式。如果取检验水平 $p \leqslant 0.10$，可以发现具有显著性的局部 *Moran* 统计（$p-Ii \leqslant 0.10$）的地市数量增加了 19 个；具有显著性的局部 *Moran* 统计（$p-Ii \geqslant 0.90$）的地市数量增加了 21 个；具有显著性的局部 *Geary* 统计（$p-Ci \geqslant 0.90$）的地市数量增加了 25 个；具有显著性的 *Geary* 统计（$p-Ci \leqslant 0.10$）的地市数量增加了 8 个。

从图 3-3（b）和表 3-2 中可以得出，2000~2010 年局部 *Moran* 系数和局部 *Geary* 系数及相应的伪显著性水平通过 $p \leqslant 0.05$ 检验的地市主要分布在内蒙古地区、东北地区的中北部、中部地区的中部、东南沿海城市等；该时间段内具有显著水平的地市数量，在各种统计模式下均少于或等于 1992~2000 时段；从整体分析，随着时间的推移，全国的局部空间集聚模式呈现出由东部沿海向中北部地区转移的趋势。

从图 3-3（c）来看，在 1992~2010 较长时间跨度内，全国

局部 *Moran* 系数和局部 *Geary* 系数及相应的伪显著性水平通过 $p \leq 0.05$ 检验的地市主要分布在西北地区中部、中部地区中西部、东北地区中部，随时间推移，区域分布呈现出向外扩散、整体趋于均衡的趋势；从表 3－2 可以分析得出，从更长的时间跨度来看，具有显著水平的地市数量变化与两个短的时段有一定的不同，这与在更长的时间跨度情形下不同区域之间经济增长集聚逐渐趋于均衡有关。

3.3.1.2　全国区域经济增长局部 LISA 显著性水平综合分析

为了更好地考察区域经济之间潜在的局部空间关联模式，可以将局部 *Moran* 统计、局部 *Geary* 统计的伪显著性水平进行综合分析，这样可以实际反映各种局部空间的经济关联关系。结合各区域局部 *Moran* 统计及局部 *Geary* 统计的伪显著性水平（取 $p \leq 0.10$ 的检验水平），将满足检验水平 $p-Ii \leq 0.10$ 且 $p-Ci \geq 0.90$ 的区域定义为高—高区域（正的空间自相关）；将满足检验水平 $p-Ii \geq 0.90$ 且 $p-Ci \geq 0.90$ 的区域定义为低—低区域（正的空间自相关）；将满足检验水平 $p-Ii \geq 0.90$ 且 $p-Ci \leq 0.10$ 的区域定义为高—低区域（负的空间自相关）；将满足检验水平 $p-Ii \leq 0.10$ 且 $p-Ci \leq 0.10$ 的区域定义为低—高区域（负的空间自相关）。将 1992～2010 年各个时间段数据进行分析，具体分析统计量与伪显著性水平见表 3－3、表 3－4、表 3－5，并将结果图形化显示，见图 3－4。

表 3－3、表 3－4、表 3－5 中，*Zi* 列表示各地市属性值与平均值的偏差，*Zsumi* 列表示各邻接地市的属性值偏差之和，*Zsumi*（2）表示各地市属性值偏差与邻接地市属性值偏差的差方和，*Ii* 列和 *Ci* 列分别为局部 *Moran* 统计、局部 *Geary* 统计，$p-Ii$ 列和 $p-Ci$ 列分别表示局部 *Moran* 统计伪显著性水平、局部 *Geary* 统计伪显著性水平（基于 100000 次多序列蒙特卡洛模拟随机排列试验）。

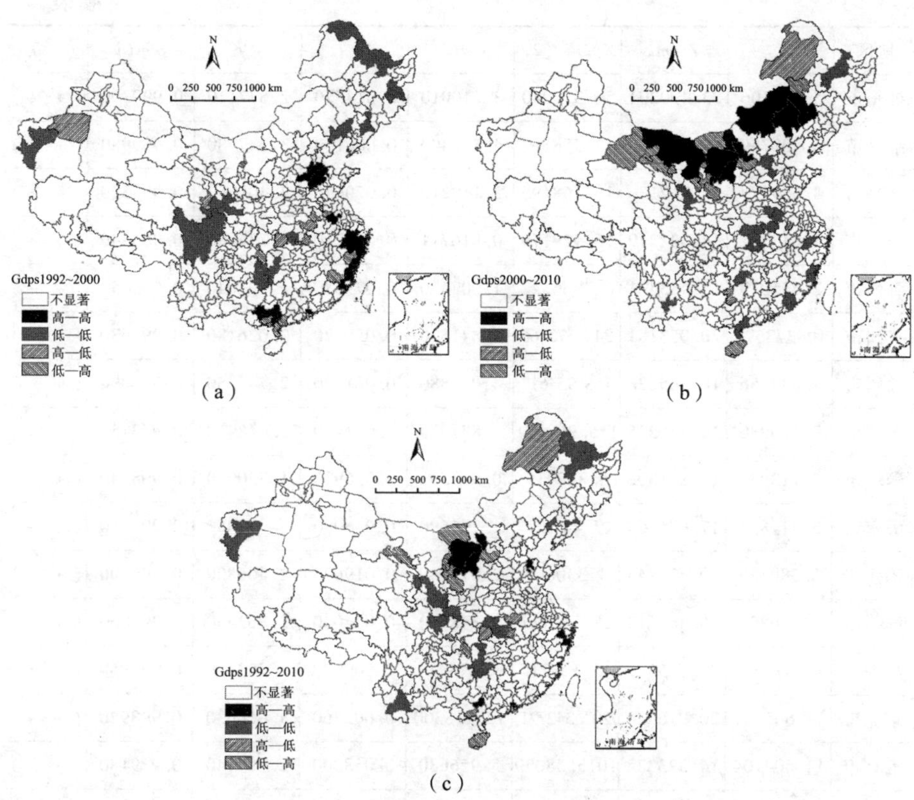

图 3－4　1992～2010 年不同时间段全国各地市局部 LISA 显著性水平综合分析示意图

表 3－3　1992～2000 年局部 *Moran* 和局部 *Geary* 具有显著性水平的地市综合分析结果

（变量：1992～2000 年人均 GDP 年均增速）

地区	*Zi*	*Zsumi*	*Zsumi*（2）	*Ii*	*p－Ii*	*Ci*	*p－Ci*	关联
邢台市	2.664394	14.312229	10.561012	1.076810	0.068440	1.688450	0.998280	（＋　＋）
衡水市	3.883837	14.232058	9.728377	1.702350	0.054550	1.943200	0.999240	（＋　＋）
沧州市	3.902971	15.596882	25.035102	1.714590	0.053840	1.939410	0.997060	（＋　＋）
台州市	4.376903	24.957578	50.694882	3.357720	0.004790	3.146560	0.964720	（＋　＋）
金华市	4.673545	15.433956	54.348625	2.219440	0.042010	2.156830	0.971490	（＋　＋）
宁波市	5.813378	10.879692	2.538747	3.058420	0.034950	2.520930	0.997500	（＋　＋）

续表

地区	Zi	Zsumi	Zsumi（2）	Ii	p－Ii	Ci	p－Ci	关联
杭州市	5.242106	23.490201	56.374940	3.210010	0.014570	2.677110	0.999300	（＋＋）
绍兴市	6.502789	23.775308	17.958362	4.749490	0.006160	3.247780	0.999980	（＋＋）
嘉兴市	3.669377	18.767176	16.168196	2.119210	0.020640	2.406660	0.995320	（＋＋）
湖州市	1.843571	14.322749	15.929179	0.816711	0.053210	1.734080	0.963340	（＋＋）
滁州市	2.635077	15.483421	67.866322	1.002420	0.079680	1.594040	0.925450	（＋＋）
泉州市	10.373675	20.053181	344.573166	5.841520	0.020570	3.026180	0.992630	（＋＋）
福州市	7.030656	18.565628	158.954617	4.010880	0.021630	2.745580	0.936890	（＋＋）
宁德市	7.320980	15.256235	115.960971	3.831020	0.031420	2.648910	0.953750	（＋＋）
聊城市	2.113056	15.291302	8.369419	0.913532	0.056930	1.730990	0.998540	（＋＋）
济南市	3.417854	17.675105	17.449886	1.701600	0.036090	2.097850	0.997860	（＋＋）
德州市	3.580329	20.618945	4.330641	2.077740	0.019670	2.406800	0.999990	（＋＋）
滨州市	4.636833	16.464513	28.356711	2.348650	0.034080	2.263430	0.996060	（＋＋）
深圳市	11.079503	20.065621	45.123217	10.739800	0.000990	4.703440	0.995950	（＋＋）
东莞市	14.665957	20.916930	203.342771	12.118300	0.002360	4.660630	0.998920	（＋＋）
玉林市	14.604104	14.525335	1015.58079	5.956630	0.058200	2.897140	0.919180	（＋＋）
南宁市	3.931399	21.124109	49.359288	2.167490	0.024180	2.334530	0.991740	（＋＋）
贵港市	8.734076	30.774902	154.116460	8.252300	0.000880	4.237930	0.995680	（＋＋）
温州市	8.659144	11.006606	107.558638	3.768530	0.053530	2.575810	0.958200	（＋＋）
天门市	－6.402989	－29.275450	59.171205	6.425550	0.999890	－4.186040	0.979310	（－－）
锦州市	－5.784874	－20.778953	119.116050	3.378520	0.988720	－2.641970	0.948630	（－－）
朝阳市	－8.404798	－25.013190	218.907770	5.474760	0.994560	－3.113700	0.996850	（－－）
阜新市	－8.173022	－15.522248	118.918249	4.350650	0.982650	－2.780090	0.975730	（－－）
本溪市	－5.004224	－12.187553	41.801570	1.877640	0.929930	－1.844070	0.986640	（－－）
抚顺市	－3.103540	－16.613514	15.913335	1.588410	0.976870	－2.114950	0.986960	（－－）
辽源市	－3.411512	－11.861307	25.311696	1.248030	0.923310	－1.638240	0.971670	（－－）
牡丹江市	－3.387377	－10.122080	28.890452	1.180210	0.915240	－1.585020	0.904610	（－－）
伊春市	－4.717518	－17.959799	49.856590	2.605800	0.984290	－2.432480	0.966750	（－－）
黑河市	－6.202796	－26.157519	27.028029	4.983980	0.998940	－3.471130	0.999720	（－－）

续表

地区	Zi	Zsumi	Zsumi（2）	Ii	p - Ii	Ci	p - Ci	关联
鹤岗市	-5.826088	-6.743503	15.669701	1.901430	0.907570	-1.898220	0.947310	(-　-)
大兴安岭地区	-9.137247	-10.093422	36.138036	4.457770	0.974310	-2.904150	0.985430	(-　-)
荆门市	-9.198600	-37.982753	295.446027	9.093390	0.999930	-4.396090	0.994380	(-　-)
甘孜藏族自治州	-2.929101	-15.238681	21.016501	1.259170	0.953030	-1.806920	0.989590	(-　-)
阿坝藏族州	-3.305031	-14.487428	56.883585	1.174930	0.914420	-1.565360	0.975970	(-　-)
黔东南苗族侗族自治州	-2.624409	-13.441692	29.382089	0.996690	0.929390	-1.597890	0.961830	(-　-)
铜仁地区	-2.299132	-11.559552	9.212050	0.821985	0.918420	-1.486550	0.991470	(-　-)
陇南市	-4.688847	-16.341152	26.860644	2.357180	0.975610	-2.255780	0.994660	(-　-)
甘南藏族自治州	-4.381920	-17.423381	106.201604	1.868400	0.951400	-1.918400	0.952760	(-　-)
定西市	-2.556484	-15.627269	18.993595	1.046820	0.942670	-1.694260	0.995420	(-　-)
喀什地区	-6.577671	-12.778748	50.975314	3.324180	0.976330	-2.535290	0.948570	(-　-)
怀化市	-2.489575	-16.921640	43.737158	0.930216	0.922590	-1.549440	0.993430	(-　-)
潜江市	-6.899041	-18.483622	65.132580	4.373110	0.993470	-2.978070	0.985780	(-　-)
信阳市	2.938023	-14.718694	355.855441	-1.116570	0.930350	-1.097660	0.031250	(+　-)
武汉市	5.018440	-20.166305	587.451542	-2.623740	0.978190	-1.411390	0.013950	(+　-)
黄南藏族自治州	4.076269	-21.169752	356.141033	-2.949300	0.997140	-2.005520	0.012110	(+　-)
阿克苏地区	0.544148	-17.326989	169.760733	-0.282542	0.980750	-1.800210	0.096730	(+　-)
宜昌市	3.907512	-27.276591	560.459224	-2.981850	0.998180	-2.324230	0.001880	(+　-)
仙桃市	-1.537144	-21.269143	197.520158	1.009630	0.994130	-2.446320	0.086490	(+　-)
舟山市	0.076760	0.000000	0.000000	0.000000	0.000000	0.020018	0.000000	(-　+)
阜阳市	-5.969572	31.395777	855.918078	-5.248940	0.001520	2.528830	0.004270	(-　+)
蚌埠市	-1.539899	24.230352	341.940499	-1.039100	0.008850	2.256740	0.018320	(-　+)

续表

地区	Zi	Zsumi	Zsumi（2）	Ii	p－Ii	Ci	p－Ci	关联
淮北市	－1.868950	15.002755	248.556386	－0.853465	0.048350	1.408800	0.060730	（－ ＋）
三明市	－2.080498	20.397204	288.787643	－1.182810	0.020950	1.821730	0.063160	（－ ＋）
湛江市	－3.068962	13.929282	327.262978	－1.682810	0.027620	1.422480	0.017900	（－ ＋）
茂名市	－0.375988	14.656174	343.117046	－0.162354	0.051240	1.531760	0.004620	（－ ＋）
北海市	－0.298834	12.509980	231.393401	－0.142448	0.038720	1.599410	0.015100	（－ ＋）
钦州市	0.974838	30.701401	263.920677	0.924812	0.000980	3.397750	0.015560	（－ ＋）
石嘴山市	－1.962318	10.178675	168.443042	－0.678062	0.094560	0.963999	0.094090	（－ ＋）
丽水市	－0.691277	25.291719	207.477599	－0.482995	0.007210	2.446700	0.087650	（－ ＋）
黔江地区	0.125029	13.109032	259.139904	0.053309	0.084150	1.316230	0.031190	（－ ＋）

说明：（＋＋）表示 $p-Ii\leqslant 0.10$ 且 $p-Ci\geqslant 0.90$；（－－）表示 $p-Ii\geqslant 0.90$ 且 $p-Ci\geqslant 0.90$；（＋－）表示 $p-Ii\geqslant 0.90$ 且 $p-Ci\leqslant 0.10$；（－＋）表示 $p-Ii\leqslant 0.10$ 且 $p-Ci\leqslant 0.10$。

从图3－4（a）和表3－3可以看出，1992～2000时段内，取检验水平 $p\leqslant 0.10$ 时，有24个地市与其邻近地市之间存在显著性的正的空间关联关系（＋　＋），这种关系可以标识为扩散效应，这些地市与其邻近地市的区域经济增长表现出相对较快的发展模式；有23个地市与其邻近地市之间存在显著性的正的空间关联关系（－　－），这些地市的经济增长速度相对较慢，显示出典型的滞后发展模式；有6个地市与其邻近地市之间存在显著性的负的空间关联关系（＋　－），这种关系可以标识为极化效应或回流效应；有12个地市与其邻近地市之间存在显著性的负的空间关联关系（－　＋），这种关系可以标识为离心效应。

表3－4　2000～2010年局部 *Moran* 和局部 *Geary* 具有显著性水平的地市综合分析结果

（变量：2000～2010年人均GDP年均增速）

地区	Zi	Zsumi	Zsumi（2）	Ii	p－Ii	Ci	p－Ci	关联
鄂尔多斯市	16.083602	66.258669	1185.671278	36.585500	0.000000	8.217710	1.000000	（＋ ＋）

续表

地区	Zi	Zsumi	Zsumi（2）	Ii	p－Ii	Ci	p－Ci	关联
乌海市	8. 576484	32. 926075	118. 496997	17. 518600	0. 000050	6. 796480	0. 969490	（＋　＋）
呼和浩特市	8. 211315	36. 997513	140. 430190	14. 643800	0. 000110	6. 062990	0. 998620	（＋　＋）
包头市	9. 948415	30. 337489	137. 396660	16. 239800	0. 000360	5. 909570	0. 999300	（＋　＋）
阿拉善盟	13. 993129	34. 113949	1829. 984372	15. 011700	0. 002610	4. 429860	0. 993300	（＋　＋）
锡林郭勒盟	7. 259072	16. 892956	161. 556055	5. 408760	0. 023900	3. 003290	0. 996100	（＋　＋）
赤峰市	5. 448679	21. 194564	14. 718354	6. 217590	0. 003870	3. 908320	0. 999850	（＋　＋）
通辽市	6. 481494	32. 210774	160. 593224	7. 175070	0. 002940	3. 861470	0. 999990	（＋　＋）
朔州市	6. 227724	11. 373761	97. 840684	3. 815970	0. 047440	2. 581980	0. 948190	（＋　＋）
榆林市	15. 422720	28. 734781	875. 593509	19. 527700	0. 000900	5. 490950	0. 998450	（＋　＋）
天门市	－6. 579226	－13. 513562	54. 578804	4. 788250	0. 996540	－2. 947430	0. 994820	（－　－）
衡水市	－5. 440881	－8. 889760	82. 936297	2. 337110	0. 927850	－1. 921890	0. 932920	（－　－）
保定市	－3. 131048	－10. 458816	57. 454798	1. 261410	0. 901900	－1. 494850	0. 901750	（－　－）
绥化市	－3. 142462	－18. 527616	8. 404423	2. 811890	0. 999520	－2. 906190	0. 995000	（－　－）
伊春市	－4. 641614	－11. 049986	32. 917394	2. 477880	0. 969330	－2. 104410	0. 990200	（－　－）
杭州市	－0. 743239	－11. 476323	14. 824351	0. 356330	0. 940120	－1. 423500	0. 929920	（－　－）
阜阳市	－3. 150705	－11. 344816	16. 702912	1. 581810	0. 954250	－1. 802510	0. 991100	（－　－）
亳州市	－3. 532987	－9. 166916	32. 883020	1. 433910	0. 906880	－1. 579220	0. 965210	（－　－）
福州市	－2. 815102	－10. 063244	13. 609689	1. 371630	0. 951360	－1. 727130	0. 971860	（－　－）
宁德市	－3. 401906	－8. 875206	16. 708582	1. 630010	0. 950960	－1. 800940	0. 948280	（－　－）
信阳市	－1. 026504	－15. 756725	12. 683098	0. 668539	0. 987080	－1. 955140	0. 959150	（－　－）
周口市	－2. 614817	－12. 163541	14. 865164	1. 306910	0. 952430	－1. 721590	0. 992570	（－　－）
荆州市	－5. 506772	－15. 286300	166. 197761	3. 049970	0. 969820	－2. 173110	0. 968850	（－　－）
荆门市	－2. 851292	－21. 358025	29. 260304	2. 495050	0. 999180	－2. 820230	0. 962760	（－　－）
随州市	－2. 513275	－8. 405163	6. 145546	1. 024510	0. 912320	－1. 464280	0. 992630	（－　－）
邵阳市	－3. 217301	－9. 266338	11. 147755	1. 443100	0. 935870	－1. 674190	0. 991550	（－　－）
湛江市	－2. 232920	－6. 643429	2. 423253	0. 925190	0. 922020	－1. 453590	0. 973010	（－　－）
茂名市	－2. 781012	－9. 835511	17. 268032	1. 324580	0. 947640	－1. 692010	0. 947500	（－　－）
揭阳市	－3. 832823	－15. 906000	6. 155139	3. 285200	0. 999300	－2. 895510	0. 997130	（－　－）
潮州市	－4. 173891	－14. 454716	11. 225427	3. 251180	0. 997850	－2. 732650	0. 994450	（－　－）

续表

地区	Zi	Zsumi	Zsumi (2)	Ii	p - Ii	Ci	p - Ci	关联
梅州市	-3.342634	-11.552193	46.673660	1.585010	0.942220	-1.735150	0.933430	(- -)
玉溪市	-6.614762	-8.324540	132.047698	2.659760	0.913140	-2.003520	0.934110	(- -)
定西市	-2.657506	-11.723824	15.866617	1.280400	0.944890	-1.675330	0.991880	(- -)
兰州市	-2.512372	-10.313436	5.703942	1.255130	0.955890	-1.720080	0.993390	(- -)
襄樊市	-1.073931	-10.821906	6.927779	0.519291	0.945840	-1.479240	0.984680	(- -)
汕头市	-5.858553	-8.006715	6.941662	3.562000	0.988880	-2.617940	0.994500	(- -)
仙桃市	-6.311476	-16.403044	77.017604	4.994700	0.998380	-3.046260	0.992600	(- -)
呼伦贝尔市	3.074751	-11.106826	148.952553	-1.830900	0.982090	-1.178230	0.059780	(+ -)
合肥市	6.836500	-8.757282	333.536367	-3.214250	0.946960	-0.281761	0.069870	(+ -)
柳州市	4.610277	-11.917525	248.856955	-2.640450	0.978000	-0.979981	0.060080	(+ -)
巴彦淖尔市	2.401444	40.025145	378.525379	5.966290	0.000010	6.947800	0.000040	(- +)
兴安盟	-0.088480	16.327518	130.438256	-0.062880	0.021580	2.177830	0.056330	(- +)
海口市	-0.356515	6.663905	49.286293	-0.251472	0.035840	1.456400	0.035840	(- +)
庆阳市	2.968413	19.331103	222.396648	2.351490	0.020330	2.597750	0.065480	(- +)
金昌市	2.377091	7.600652	197.323715	1.125710	0.079970	1.633960	0.011560	(- +)
张掖市	-3.561873	30.718721	631.307291	-4.460580	0.001420	3.163600	0.003100	(- +)
酒泉市	2.062505	25.525627	238.029293	2.326320	0.003390	3.430560	0.023230	(- +)
中卫市	3.836408	13.010642	169.509456	2.690800	0.034090	2.471310	0.074410	(- +)
吴忠市	-2.269523	61.059633	1072.867164	-5.651470	0.000000	6.848680	0.000010	(- +)
石嘴山市	2.849344	44.681913	342.237951	6.854000	0.000000	6.972400	0.000230	(- +)
忻州市	1.096644	43.933656	580.858335	1.663190	0.000310	4.494000	0.000230	(- +)

说明：(+ +) 表示 $p-Ii \leqslant 0.10$ 且 $p-Ci \geqslant 0.90$；(- -) 表示 $p-Ii \geqslant 0.90$ 且 $p-Ci \geqslant 0.90$；(+ -) 表示 $p-Ii \geqslant 0.90$ 且 $p-Ci \leqslant 0.10$；(- +) 表示 $p-Ii \leqslant 0.10$ 且 $p-Ci \leqslant 0.10$。

从图 3-4（b）和表 3-4 可以看出，在 2000~2010 时段内，取检验水平 $p \leqslant 0.10$ 时，有 10 个地市与其邻近地市之间存在显著性的正的空间关联关系（+ +），这些地市与其邻近地市的经济增长联系较为紧密，这种关系可以标识为扩散效应，这些地市与其邻近地市的区域经济增长表现出相对较快的发展模式；有 27 个地市与其邻近地市之间存在显著性的正的空间关联关系（－ －），这些地市的经济增长速度相对较慢，显示出典型的滞后发展模式；有3个地市与其邻近地市之间存在显著性的负的空间关联关系（＋ －），这种关系可以标识为极化效应或回流效应；有11个地市与其邻近地市之间存在显著性的负的空间关联关系（－ ＋），这种关系可以标识为离心效应。

表3－5 1992～2010年局部*Moran*和局部*Geary*具有显著性水平的地市综合分析结果

（变量：1992～2010年人均GDP年均增速）

地区	*Zi*	*Zsumi*	*Zsumi*（2）	*Ii*	*p－Ii*	*Ci*	*p－Ci*	关联
深圳市	4.561980	8.615719	16.451857	4.643470	0.018280	3.107360	0.931410	（＋ ＋）
东莞市	7.164668	7.609467	70.424594	5.267090	0.042420	3.021560	0.982170	（＋ ＋）
贵港市	4.422862	13.143134	42.607817	4.365340	0.017260	2.942100	0.990610	（＋ ＋）
呼和浩特市	6.099627	21.949169	133.016441	10.045200	0.000800	4.697840	0.928680	（＋ ＋）
鄂尔多斯市	13.449036	37.664069	1049.155037	27.066700	0.000000	6.370610	1.000000	（＋ ＋）
滨州市	3.403628	7.920952	22.544262	2.028180	0.077160	1.896730	0.990940	（＋ ＋）
榆林市	9.595643	19.614043	385.032252	12.908900	0.002680	4.536190	0.979750	（＋ ＋）
绍兴市	1.863915	7.829667	2.045817	1.100960	0.079800	1.623560	0.999540	（＋ ＋）
台州市	1.033574	7.567665	5.057082	0.593186	0.086150	1.440610	0.978270	（＋ ＋）
兰州市	－2.417346	－8.617518	4.163110	1.568660	0.953330	－1.848210	0.997990	（－ －）
天水市	－2.251335	－6.674304	6.192788	1.263780	0.927320	－1.635170	0.970340	（－ －）
定西市	－2.586620	－13.356293	4.877534	2.203740	0.986180	－2.319480	0.999950	（－ －）
陇南市	－2.647846	－9.626923	8.999326	1.918000	0.969730	－2.055880	0.991610	（－ －）
鹤岗市	－3.004179	－6.820286	3.406111	2.422640	0.981960	－2.316650	0.941800	（－ －）
伊春市	－4.650404	－14.098552	25.935449	4.922720	0.997300	－3.140230	0.999160	（－ －）
绥化市	－4.142124	－14.076258	21.679411	4.378490	0.997250	－3.051360	0.997890	（－ －）
黑河市	－4.208585	－18.945355	24.327913	5.985130	0.999870	－3.878010	0.997060	（－ －）
襄樊市	－6.210262	－12.250068	132.398444	5.222280	0.986940	－2.866840	0.980330	（－ －）
荆门市	－5.728898	－29.006173	59.733955	10.569600	1.000000	－5.053490	0.999960	（－ －）

续表

地区	Zi	Zsumi	Zsumi（2）	Ii	p – Ii	Ci	p – Ci	关联
孝感市	-6.012081	-18.433046	142.440327	7.051520	0.999030	-3.556440	0.987590	（- -）
天门市	-6.474731	-20.722745	8.853673	11.237300	0.999990	-4.982560	1.000000	（- -）
仙桃市	-4.165267	-18.660298	50.902352	5.834570	0.999880	-3.823010	0.928210	（- -）
潜江市	-4.816499	-19.998552	5.414906	8.068910	0.999980	-4.546100	0.999970	（- -）
邵阳市	-1.846444	-6.666506	4.857634	0.929667	0.900220	-1.425820	0.987820	（- -）
张家界市	-1.111626	-7.371285	3.883216	0.691897	0.945740	-1.554060	0.943780	（- -）
怀化市	-2.489753	-12.361369	21.336626	1.653500	0.952940	-1.851010	0.998860	（- -）
本溪市	-1.240380	-7.157555	3.394031	0.672391	0.915200	-1.406560	0.986950	（- -）
锦州市	-2.258908	-9.381374	11.376736	1.460020	0.951340	-1.807700	0.985350	（- -）
海东地区	-2.151954	-8.559979	28.336443	1.105320	0.900480	-1.471540	0.939420	（- -）
汉中市	-3.257872	-8.818122	43.746226	1.833880	0.924310	-1.756900	0.954690	（- -）
绵阳市	-2.321615	-9.386301	11.856967	1.501130	0.952250	-1.818210	0.986110	（- -）
广元市	-3.359185	-7.920305	22.498270	2.001620	0.939320	-1.889180	0.975420	（- -）
喀什地区	-2.665031	-8.336549	4.692322	2.149460	0.981450	-2.250010	0.966370	（- -）
普洱市	-1.689182	-8.175190	2.256497	0.953976	0.924580	-1.531910	0.999440	（- -）
信阳市	0.763832	-15.333233	96.596153	-0.736430	0.994120	-2.119650	0.070290	（+ -）
武汉市	2.272669	-19.113804	203.596548	-2.752960	0.999090	-2.450160	0.009310	（+ -）
宜昌市	1.017361	-20.865832	144.039347	-1.447800	0.999830	-3.082410	0.020180	（+ -）
呼伦贝尔市	-0.085466	-14.176461	71.770584	0.107411	0.998830	-2.612770	0.047820	（+ -）
张掖市	-1.335645	12.008084	135.245628	-1.011420	0.042110	1.552700	0.058300	（- +）
庆阳市	0.196319	13.258181	112.360499	0.173392	0.030510	1.957450	0.043310	（- +）
钦州市	-0.498137	14.983992	93.642435	-0.552951	0.010090	2.426210	0.050200	（- +）
海口市	-0.219293	3.898665	16.957573	-0.139520	0.056630	1.061030	0.083290	（- +）
巴彦淖尔市	1.768011	26.051721	179.901433	4.450620	0.000010	5.689610	0.000660	（- +）
银川市	2.416115	20.661287	160.150251	4.184650	0.000720	4.227760	0.005840	（- +）
石嘴山市	0.686265	28.921963	235.612829	1.667420	0.000020	5.424210	0.000290	（- +）
吴忠市	-0.859999	36.022185	404.970703	-1.961000	0.000010	5.115630	0.000240	（- +）
忻州市	-0.315105	26.301279	356.444980	-0.433127	0.001770	3.238850	0.000640	（- +）

续表

地区	*Zi*	*Zsumi*	*Zsumi*（2）	*Ii*	*p－Ii*	*Ci*	*p－Ci*	关联
广安市	0.250386	13.734122	108.882414	0.243088	0.020260	2.171760	0.033790	（－　＋）
舟山市	0.917110	0.000000	0.000000	0.000000	0.000000	0.373461	0.000000	（－　＋）
黔江地区	1.257990	7.704083	116.185340	0.671711	0.099120	1.391790	0.032530	（－　＋）

说明：（＋＋）表示 $p-Ii\leqslant 0.10$ 且 $p-Ci\geqslant 0.90$；（－－）表示 $p-Ii\geqslant 0.90$ 且 $p-Ci\geqslant 0.90$；（＋－）表示 $p-Ii\geqslant 0.90$ 且 $p-Ci\leqslant 0.10$；（－＋）表示 $p-Ii\leqslant 0.10$ 且 $p-Ci\leqslant 0.10$。

从图3－4（c）和表3－5可以看出，在1992～2010时段内，取检验水平 $p\leqslant 0.10$ 时，有9个地市与其邻近地市之间存在显著性的正的空间关联关系（＋　＋），这种关系可以标识为扩散效应，这些地市与其邻近地市的区域经济增长表现出相对较快的发展模式；有25个地市与其邻近地市之间存在显著性的正的空间关联关系（－　－），这些地市的经济增长速度相对较慢，显示出典型的滞后发展模式；有4个地市与其邻近地市之间存在显著性的负的空间关联关系（＋　－），这种关系可以标识为极化效应或回流效应；有12个地市与其邻近地市之间存在显著性的负的空间关联关系（－　＋），这种关系可以标识为离心效应。

3.3.2　五大区域经济增长局域空间自相关分析

以东部、东北、中部、西北、西南五大区域内各自的邻接矩阵为空间权重矩阵，分别计算五大区域1992～2000年、2000～2010年、1992～2010年3个时间段各地市局部 *Moran* 系数和局部 *Geary* 系数，同时采用多序列蒙特卡洛模拟方法计算各局部统计量的伪显著性水平，然后分别对各大区域的各时段结果进行综合分析。

3.3.2.1　五大区域经济增长局部LISA显著性水平分析

分别根据五大区域的相关属性数据，计算得到1992～2000年、2000～2010年、1992～2010年3个时段内满足局部 *Moran* 统计和局部 *Geary* 统计的显著性检验水平（$p\leqslant 0.05$）的地市，图3－5～图3－9分别反映了东部、东北、中部、西北、西南地区满足条件的地市分布情况。

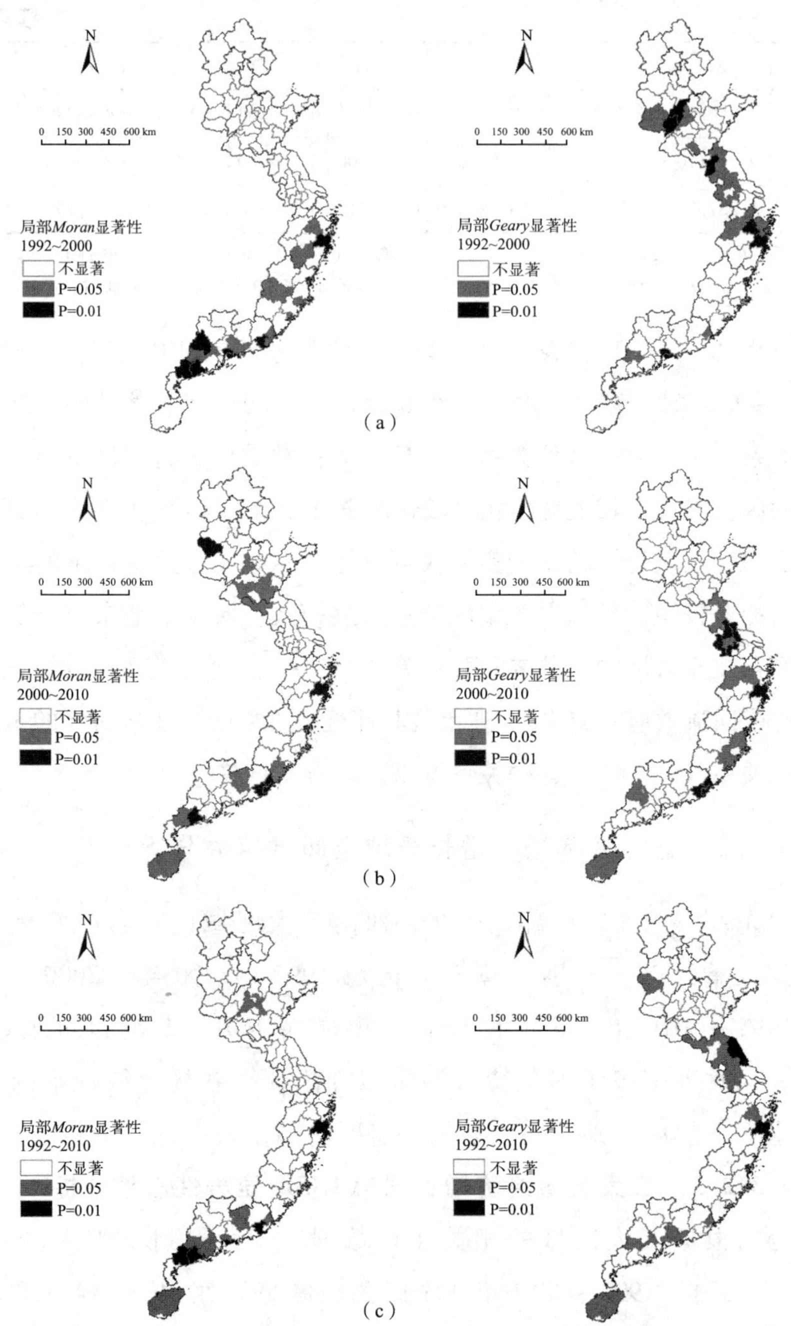

图 3－5　东部地区各地市局部 LISA 显著性水平示意图（100000 次随机排列）

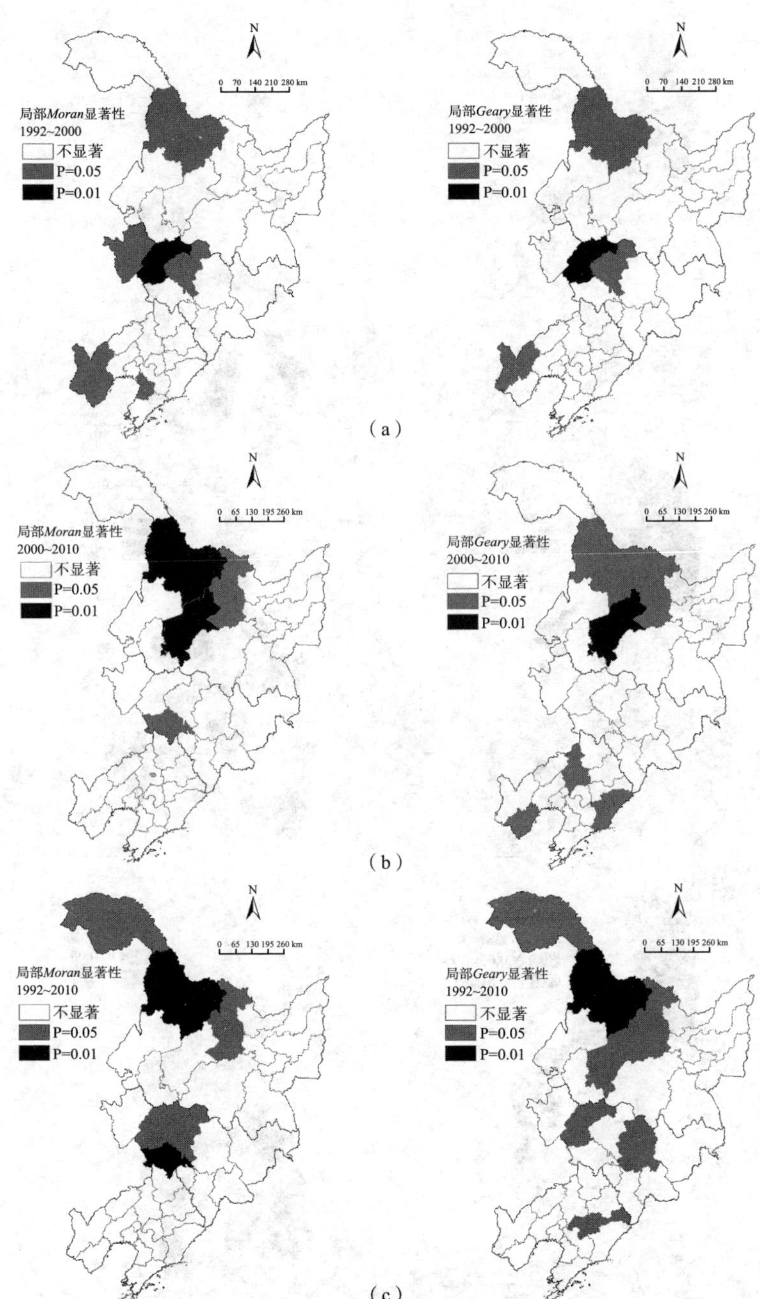

图 3-6 东北地区各地市局部 LISA 显著性水平示意图（100000 次随机排列）

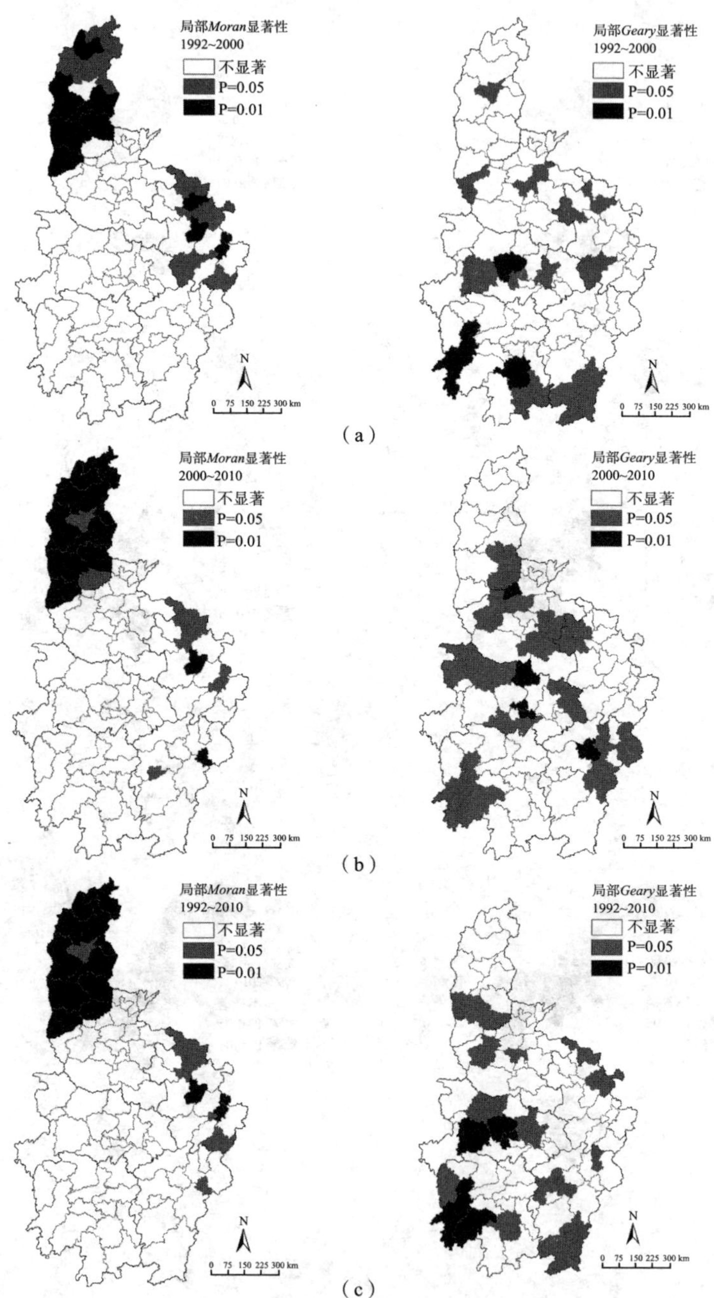

图 3－7　中部地区各地市局部 LISA 显著性水平示意图（100000 次随机排列）

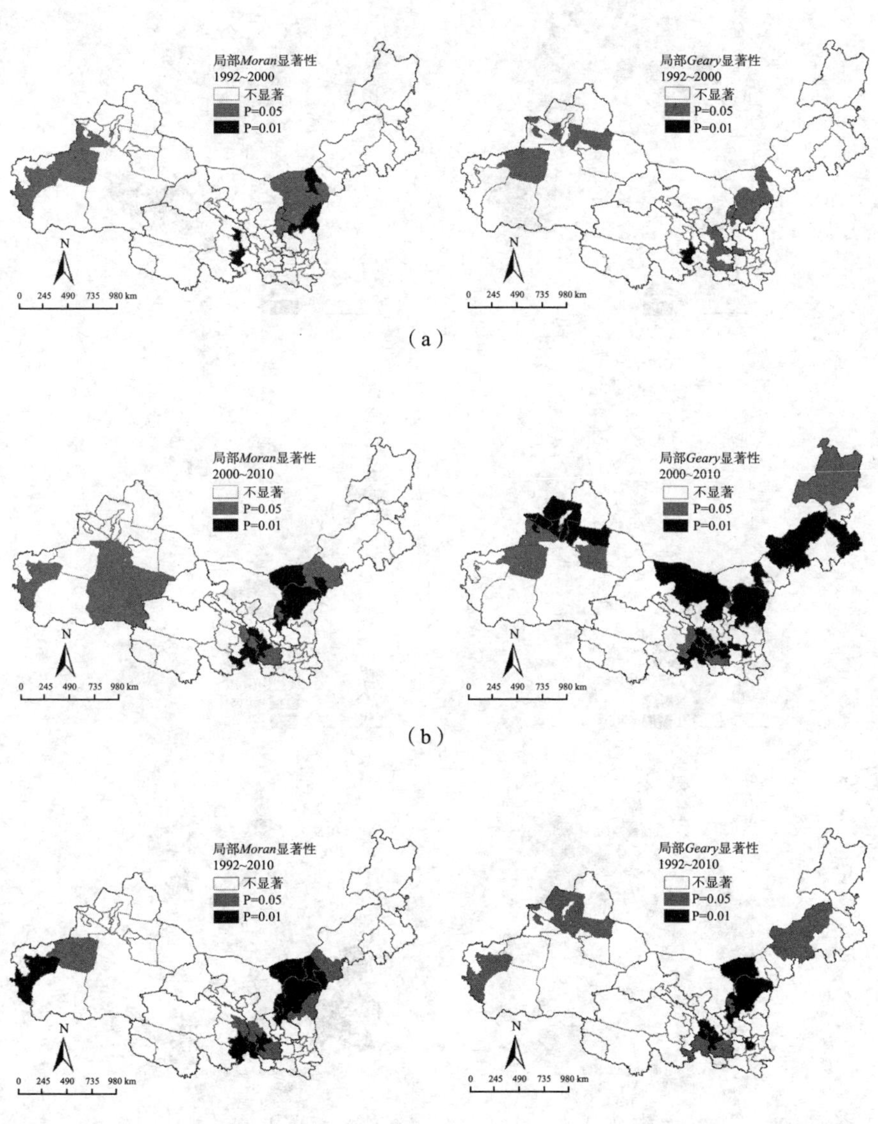

图 3-8 西北地区各地市局部 LISA 显著性水平示意图（100000 次随机排列）

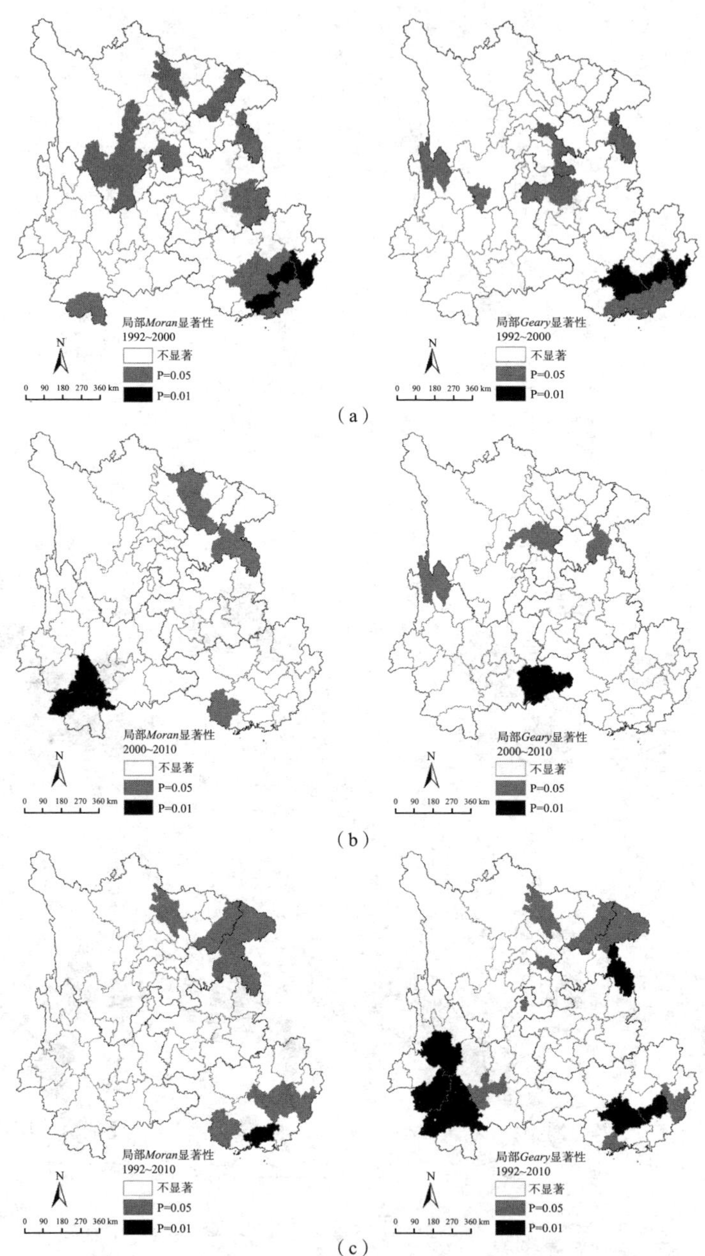

图 3-9　西南地区各地市局部 LISA 显著性水平示意图（100000 次随机排列）

根据图 3-5～图 3-9 的分析结果，将满足显著性检验水平的地市的区域分布情况进行统计，结果见表 3-6。

表 3-6 局部 LISA 满足显著性检验水平（$p \leqslant 0.05$）的地市的区域分布情况

区域	时间段	局部统计模式	显著性水平	地市个数	与邻近地市之间的关系
东部地区	1992～2000	局部 *Moran* 统计	$p-Ii \leqslant 0.05$	9	邻近地市观测值相对较高
			$p-Ii \geqslant 0.95$	8	邻近地市观测值相对较低
		局部 *Geary* 统计	$p-Ci \geqslant 0.95$	21	正相关
			$p-Ci \leqslant 0.05$	2	负相关
	2000～2010	局部 *Moran* 统计	$p-Ii \leqslant 0.05$	6	邻近地市观测值相对较高
			$p-Ii \geqslant 0.95$	9	邻近地市观测值相对较低
		局部 *Geary* 统计	$p-Ci \geqslant 0.95$	15	正相关
			$p-Ci \leqslant 0.05$	3	负相关
	1992～2010	局部 *Moran* 统计	$p-Ii \leqslant 0.05$	6	邻近地市观测值相对较高
			$p-Ii \geqslant 0.95$	8	邻近地市观测值相对较低
		局部 *Geary* 统计	$p-Ci \geqslant 0.95$	13	正相关
			$p-Ci \leqslant 0.05$	4	负相关
东北地区	1992～2000	局部 *Moran* 统计	$p-Ii \leqslant 0.05$	4	邻近地市观测值相对较高
			$p-Ii \geqslant 0.95$	3	邻近地市观测值相对较低
		局部 *Geary* 统计	$p-Ci \geqslant 0.95$	4	正相关
			$p-Ci \leqslant 0.05$	0	负相关
	2000～2010	局部 *Moran* 统计	$p-Ii \leqslant 0.05$	1	邻近地市观测值相对较高
			$p-Ii \geqslant 0.95$	3	邻近地市观测值相对较低
		局部 *Geary* 统计	$p-Ci \geqslant 0.95$	5	正相关
			$p-Ci \leqslant 0.05$	1	负相关

续表

区域	时间段	局部统计模式	显著性水平	地市个数	与邻近地市之间的关系
东北地区	1992~2010	局部 *Moran* 统计	$p-Ii \leqslant 0.05$	3	邻近地市观测值相对较高
			$p-Ii \geqslant 0.95$	3	邻近地市观测值相对较低
		局部 *Geary* 统计	$p-Ci \geqslant 0.95$	8	正相关
			$p-Ci \leqslant 0.05$	0	负相关
中部地区	1992~2000	局部 *Moran* 统计	$p-Ii \leqslant 0.05$	11	邻近地市观测值相对较高
			$p-Ii \geqslant 0.95$	9	邻近地市观测值相对较低
		局部 *Geary* 统计	$p-Ci \geqslant 0.95$	12	正相关
			$p-Ci \leqslant 0.05$	5	负相关
	2000~2010	局部 *Moran* 统计	$p-Ii \leqslant 0.05$	8	邻近地市观测值相对较高
			$p-Ii \geqslant 0.95$	13	邻近地市观测值相对较低
		局部 *Geary* 统计	$p-Ci \geqslant 0.95$	22	正相关
			$p-Ci \leqslant 0.05$	0	负相关
	1992~2010	局部 *Moran* 统计	$p-Ii \leqslant 0.05$	9	邻近地市观测值相对较高
			$p-Ii \geqslant 0.95$	12	邻近地市观测值相对较低
		局部 *Geary* 统计	$p-Ci \geqslant 0.95$	16	正相关
			$p-Ci \leqslant 0.05$	4	负相关
西北地区	1992~2000	局部 *Moran* 统计	$p-Ii \leqslant 0.05$	10	邻近地市观测值相对较高
			$p-Ii \geqslant 0.95$	4	邻近地市观测值相对较低
		局部 *Geary* 统计	$p-Ci \geqslant 0.95$	6	正相关
			$p-Ci \leqslant 0.05$	5	负相关

续表

区域	时间段	局部统计模式	显著性水平	地市个数	与邻近地市之间的关系
西北地区	2000～2010	局部 *Moran* 统计	$p-Ii \leqslant 0.05$	9	邻近地市观测值相对较高
			$p-Ii \geqslant 0.95$	9	邻近地市观测值相对较低
		局部 *Geary* 统计	$p-Ci \geqslant 0.95$	25	正相关
			$p-Ci \leqslant 0.05$	1	负相关
	1992～2010	局部 *Moran* 统计	$p-Ii \leqslant 0.05$	10	邻近地市观测值相对较高
			$p-Ii \geqslant 0.95$	11	邻近地市观测值相对较低
		局部 *Geary* 统计	$p-Ci \geqslant 0.95$	12	正相关
			$p-Ci \leqslant 0.05$	4	负相关
西南地区	1992～2000	局部 *Moran* 统计	$p-Ii \leqslant 0.05$	10	邻近地市观测值相对较高
			$p-Ii \geqslant 0.95$	6	邻近地市观测值相对较低
		局部 *Geary* 统计	$p-Ci \geqslant 0.95$	10	正相关
			$p-Ci \leqslant 0.05$	3	负相关
	2000～2010	局部 *Moran* 统计	$p-Ii \leqslant 0.05$	4	邻近地市观测值相对较高
			$p-Ii \geqslant 0.95$	3	邻近地市观测值相对较低
		局部 *Geary* 统计	$p-Ci \geqslant 0.95$	6	正相关
			$p-Ci \leqslant 0.05$	0	负相关
	1992～2010	局部 *Moran* 统计	$p-Ii \leqslant 0.05$	10	邻近地市观测值相对较高
			$p-Ii \geqslant 0.95$	1	邻近地市观测值相对较低
		局部 *Geary* 统计	$p-Ci \geqslant 0.95$	11	正相关
			$p-Ci \leqslant 0.05$	3	负相关

1. 东部地区

从图3－5（a）和表3－6中可以得出，在1992～2000时段，根据局部 *Moran* 系数和局部 *Geary* 系数及相应的伪显著性水平，如果取检验水平 $p \leqslant 0.05$，具有显著性的局部 *Moran* 统计（$p-Ii \leqslant 0.05$）的地市有9个，这些地市主要分布在浙江省、广东省、福建省三省，表明与之邻近的地市具有相对较高的经济增长速度。具有显著性的局部 *Moran* 统计（$p-Ii \geqslant 0.95$）的地市有8个，且这8个地市均在广东省范围内，表明与之邻近的地市具有相对较低的经济增长速度。具有显著性的局部 *Geary* 统计（$p-Ci \geqslant 0.95$）的地市有21个，对于沿海的部分发达地市，结合其初始属性值，可以得出其与邻近区域之间存在正的空间关联关系，这种关联关系可以被标识为一种扩散效应，也显示出相对较快的区域经济增长空间聚集模式；对于欠发达地市，虽然这些地市具有显著性的局部 *Geary* 统计（$p-Ci \geqslant 0.95$），与邻近地市之间存在正相关关系，但结合各初始属性值大小，显示出这些地区相对滞后的区域经济增长空间聚集模式。具有显著性的局部 *Geary* 统计（$p-Ci \leqslant 0.05$）的地市有2个（广东省佛山市、浙江省台州市），以佛山市为例，其与邻近地市之间存在负相关关系，结合1992～2000时段内其具有相对较高的人均GDP年均增长率（11.75%），因此与佛山市邻近的地市具有相对较低的经济增长速度。

从图3－5（b）和表3－6中可以得出，根据2000～2010年局部 *Moran* 系数和局部 *Geary* 系数及相应的伪显著性水平，具有显著性的局部 *Moran* 统计（$p-Ii \leqslant 0.05$）的地区有6个，主要包括浙江省台州市，海南省海口市，山东省济南市、济宁市、临沂市，江苏省徐州市，表明与之邻近的地市具有相对较高的经济增长速度；具有显著性的局部 *Moran* 统计（$p-Ii \geqslant 0.95$）的地区有9个，其中广东省占6个（揭阳市、潮州市、阳江市、汕头市、茂名市、河源市），其他还包括河北省石家庄市、浙江省舟山市、福建省漳州市，表明与这些地市邻近的地市具有相对较低的经济增长速度，特别是广东省这几个地市的人均 GDP 年均增速相对较低，因此与邻近地市一起，显示出相对滞后的区域经济增长空间聚集模式；具有显著性的局部 *Geary* 统计（$p-Ci \geqslant 0.95$）的地市有 15 个，主要分布在福建省（3 个）、广东省（3 个）、江苏省（7 个）、浙江省（2 个），相对于 1992～2000 时段（21 个）数量有所下降，但结合其属性值可知，15 个地市中有 13 个地市在该时段内的人均 GDP 年均增长超过了 10%，因此，这些地市与其邻近地市一起表现为相对较快的经济增长模式；具有显著性的局部 *Geary* 统计（$p-Ci \leqslant 0.05$）的地区有 3 个，分别为台州市、海口市、肇庆市，结合上述分析，台州市、海口市已通过了 $p-Ii \leqslant 0.05$ 的局部 *Moran* 显著性检验，表明在该时段内，这三个地市均分别与各自的邻近地市之间存在显著性的（－　＋）的局部空间经济关联关系，与这些地市邻近的地市具有相对较高的经济增长速度。

从图 3－5（c）来看，在 1992～2010 年较长时间跨度内，东部地区局部 *Moran* 系数和局部 *Geary* 系数及相应的伪显著性水平通过 $p \leqslant 0.05$ 检验的地市主要分布在广东省中西部、海南省海口市、浙江省台州市等大部分区域，以及河北省石家庄市、山东省济南市等地，它们在区域内具有明显的空间集聚现象。结合表 3－6 分析，具有显著性的局部 *Moran* 统计（$p-Ii \leqslant 0.05$）的地市有 6 个（台州市、深圳市、东莞市、济南市、海口市、淄博市），表明与之邻近的地市具有相对较高的经济增长速度；具有显著性的局部 *Moran* 统计（$p-Ii \geqslant 0.95$）的地市有 8 个，均分布在广东省境内，表明与之邻近的地市具有相对较低的经济增长速度；具有显著性的局部 *Geary* 统计（$p-Ci \geqslant 0.95$）的地市有 13 个，主要分布在江苏省、浙江省、广东省等范围内，与上述分析方式相同，这些地市与其邻近地市一起显示出相对较快的经济增长模式；具有显著性的局部 *Geary* 统计（$p-Ci \leqslant$

0.05）的地市有4个（台州市、佛山市、惠州市、海口市），这几个地市均分别与各自的邻近地市之间存在负相关关系。同时，从表3－6可以分析得出，该时段具有显著性水平的地市数量较2000～2010时段的数量要少一些，这与在更长的时间跨度情形下不同区域之间经济增长的空间集聚逐渐趋于均衡有关。

2. 东北地区

从图3－6和表3－6中可以得出，在1992～2000时段，在对各地市局部*Moran*系数和局部*Geary*系数进行检验水平$p \leqslant 0.05$的伪显著性检验后，具有显著性的局部*Moran*统计（$p-Ii \leqslant 0.05$）的地市有4个，其中吉林省3个，辽宁省1个，相对来说，在该时段内，吉林省部分地市的邻近地市具有相对较高的经济增长速度，后续的LISA显著性结合分析显示出其相对较快的经济增长模式；具有显著性的局部*Moran*统计（$p-Ii \geqslant 0.95$）的地区有3个，分别是黑河市、葫芦岛市和朝阳市，这些地市的邻近地市具有相对较低的经济增长速度；具有显著性的局部*Geary*统计（$p-Ci \geqslant 0.95$）的地市有4个（松原市、长春市、朝阳市、黑河市），而具有显著性的局部*Geary*统计（$p-Ci \leqslant 0.05$）的地市数为0。结合各地市初始属性值，发现这些地市均分别与各自的邻近地市之间存在（＋　＋）或者（－　－）类型的正向空间关联关系，如松原市、长春市与其邻近地市一起显示出相对较快的区域经济增长空间聚集模式，而朝阳市、黑河市与其邻近地市一起显示出相对滞后的区域经济增长空间聚集模式。

在2000～2010时段，具有显著性的局部*Moran*统计（$p-Ii \leqslant 0.05$）的地市仅1个（吉林省四平市），说明与该市邻近的地市具有相对较高的经济增长速度；具有显著性的局部*Moran*统计（$p-Ii \geqslant 0.95$）的地区有3个，且都在黑龙江省（绥化市、伊春市、黑河市），说明相对于另外两个省份而言，黑龙江在该时段内与这三个地市邻近的地市具有相对较低的经济增长速度，结合这三个地市的初始属性值，这三个地市均分别与各自的邻近地市一起表现为相对滞后的区域经济增长空间聚集模式；具有显著性的局部 *Geary* 统计（$p-Ci\geqslant0.95$）的地市有 5 个，均在吉林省，说明这些地市分别与各自的邻近地市之间存在正的空间关联关系；具有显著性的局部 *Geary* 统计（$p-Ci\leqslant0.05$）的地市有 1 个（葫芦岛市），说明该市与其邻近地市之间存在负的空间关联关系，后续的 LISA 显著性综合分析进一步表明其为（－　+）类型的空间关联关系。

考察整个 1992～2010 时段，具有显著性的局部 *Moran* 统计（$p-Ii\leqslant0.05$）的地市有 3 个，均在吉林省，具有显著性的局部 *Moran* 统计（$p-Ii\geqslant0.95$）的地市有 3 个，均在黑龙江省，后续的 LISA 显著性综合分析表明，吉林省部分地市与其邻近地市一起显示出较快的区域经济增长空间聚集模式，而黑龙江部分地市与其邻近地市一起显示出相对滞后的区域经济增长空间聚集模式；具有显著性的局部 *Geary* 统计（$p-Ci\geqslant0.95$）的地市有 8 个（黑龙江省 4 个，吉林省 2 个，辽宁省 2 个），但具有显著性的局部 *Geary* 统计（$p-Ci\leqslant0.05$）的地市为 0 个，根据其初始属性值和 LISA 显著性综合分析，发现黑龙江省的 4 个地市均分别与各自的邻近地市之间存在（－　－）类型的正的空间关联关系，并显示出相对滞后的区域经济增长空间聚集模式，吉林省的 2 个地市均分别与各自的邻近地市之间存在（+　+）类型的正的空间关联关系，并显示出较快的区域经济增长空间聚集模式。

3. 中部地区

与上述分析方式一样，根据图 3－7 和表 3－6，中部地区具有显著性的局部 *Moran* 统计（$p-Ii\leqslant0.05$）的地市：1992～2000 时段有 11 个（均在安徽省），2000～2010 时段有 8 个（均在安徽省），1992～2010 时段有 9 个（均在安徽省）；结合初始属性值，基本说明安徽省部分地市及其邻近地市具有相对较高的经济增长速度，整体上大致显示出较快的经济增长。具有显著性的局部 *Moran* 统计

（$p-Ii \geqslant 0.95$）的地市：1992～2000 时段有 9 个（均在山西省），2000～2010 时段有 13 个（其中山西省 11 个，江西省 2 个），1992～2010 时段有 12 个（其中 11 个在山西省，1 个在江西省），说明山西省部分地市、江西省个别地市的邻近地市具有相对较低的经济增长速度，整体上大致显示出相对滞后的经济增长。具有显著性的局部 *Geary* 统计（$p-Ci \geqslant 0.95$）的地市：1992～2000 时段有 12 个（安徽省 1 个、河南省 3 个、湖北省 3 个、湖南省 3 个、江西省 1 个、山西省 1 个），2000～2010 时段有 22 个（安徽省 2 个、河南省 6 个、湖北省 7 个、湖南省 2 个、江西省 3 个、山西省 2 个），1992～2010 时段有 16 个（安徽省 1 个、河南省 2 个、湖北省 5 个、湖南省 4 个、江西省 2 个、山西省 2 个），这些地市中的一部分与其邻近地市均具有相对较高的经济增长速度，显示出较快的经济增长空间集聚模式；同时，一部分地市与其邻近地市均具有相对较低的经济增长速度，显示出相对滞后的经济增长空间集聚模式。具有显著性的局部 *Geary* 统计（$p-Ci \leqslant 0.05$）的地市：1992～2000 时段有 5 个（安徽省 3 个、湖北省 2 个），2000～2010 时段有 0 个，1992～2010 时段有 4 个（安徽省 1 个、湖北省 2 个、江西省 1 个），说明安徽省、湖北省、江西省部分地市分别与其邻近地市之间存在负的空间关联关系。

结合初始属性值，可以得出，中部地区在 $p \leqslant 0.05$ 显著性水平下的地市主要分布在山西省、安徽省大部、湖北省中部、湖南省西南部、河南省个别地市。整体上来看，中部地区具有较高经济增长速度的地市主要分布在安徽省、河南省，具有相对较低经济增长速度的地市主要分布在湖北省、湖南省、江西省、山西省。

4. 西北地区

根据图 3－8 和表 3－6，西北地区具有显著性的局部 *Moran* 统计（$p-Ii \leqslant 0.05$）的地市：1992～2000 时段有 10 个（内蒙古 5 个、宁夏 3 个、陕西省榆林市、新疆伊犁），2000～2010 时段有 9 个（内蒙古6个、宁夏3个），1992～2010时段有10个（内蒙古6个、宁夏3个、陕西省榆林市），与这些地市邻近的地市具有相对较高的经济增长速度。具有显著性的局部 *Moran* 统计（$p-Ii \geq 0.95$）的地市：1992～2000时段有4个（青海省2个、新疆2个），2000～2010时段有9个（甘肃省6个、青海省1个、新疆2个），1992～2010时段有11个（甘肃省6个、青海省3个、新疆2个），与这些地市邻近的地市具有相对较低的经济增长速度，结合初始属性值，大致显示出其相对滞后的经济增长空间聚集模式。具有显著性的局部 *Geary* 统计（$p-Ci \geq 0.95$）的地市：1992～2000时段有6个（甘肃省4个、内蒙古1个、新疆1个），2000～2010时段有25个（甘肃省8个、内蒙古6个、青海省2个、陕西省2个、新疆7个），1992～2010时段有12个（甘肃省6个、内蒙古2个、陕西省1个、新疆3个），这些地市中的一部分地市与其邻近地市均具有相对较高的经济增长速度，显示出较快的经济增长空间集聚模式；一部分地市与其邻近地市均具有相对较低的经济增长速度，显示出相对滞后的经济增长空间集聚模式。具有显著性的局部 *Geary* 统计（$p-Ci \leq 0.05$）的地市：1992～2000时段有5个（内蒙古包头市，宁夏银川市、石嘴山市，青海黄南藏族自治州，新疆阿克苏地区），2000～2010时段有1个（宁夏石嘴山市），1992～2010时段有4个（内蒙古1个、宁夏3个），这些地市与其邻近的地市之间存在负的空间关联关系。

综合分析，西北地区在 $p \leq 0.05$ 显著性水平下具有显著性 LISA 统计的地市主要分布在内蒙古、宁夏、新疆等地区。整体上来看，西北地区具有较高经济增长速度的区域主要分布在内蒙古、新疆，具有相对较低经济增长速度的区域主要分布在甘肃省、陕西省。

5. 西南地区

根据图3－9和表3－6，西南地区具有显著性的局部 *Moran* 统计（$p-Ii \leq 0.05$）的地市：1992～2000时段有10个（广西7个、四川省

2 个、重庆市 1 个)，2000 ~ 2010 时段有 4 个（广西崇左，四川广安市，重庆黔江市、涪陵市)，1992 ~ 2010 时段有 9 个（广西 5 个、四川省 2 个、重庆市 2 个)，与这些地市邻近的地市具有相对较高的经济增长速度，但相比于 1992 ~ 2000 时段，在 2000 ~ 2010 时段这类地市数量有所减少。具有显著性的局部 *Moran* 统计（$p-Ii \geqslant 0.95$）的地市：1992 ~ 2000 时段有 6 个（贵州省 1 个、四川省 4 个、云南省 1 个)，2000 ~ 2010 时段有 3 个（普洱市、南充市、广元市)，1992 ~ 2010 时段有 1 个（绵阳市)，与这些地市邻近的地市具有相对较低的经济增长速度，后续的 LISA 显著性综合分析进一步表明其更多为相对滞后的经济增长空间聚集模式。具有显著性的局部 *Geary* 统计（$p-Ci \geqslant 0.95$）的地市：1992 ~ 2000 时段有 10 个（广西 5 个、贵州省 1 个、四川省 3 个、云南省 1 个)，2000 ~ 2010 时段有 6 个（四川省 3 个、云南省 2 个、重庆市 1 个)，1992 ~ 2010 时段有 11 个（广西 4 个、四川省 2 个、云南省 4 个、重庆市 1 个)，这些地市中的一部分地市与其邻近地市均具有相对较高的经济增长速度，显示出较快的经济增长空间聚集模式；一部分地市与其邻近地市均具有相对较低的经济增长速度，显示出相对滞后的经济增长空间聚集模式。具有显著性的局部 *Geary* 统计（$p-Ci \leqslant 0.05$）的地市：1992 ~ 2000 时段有 3 个（广西北海市、钦州市，重庆市黔江地区)，2000 ~ 2010 时段有 0 个，1992 ~ 2010 时段有 3 个（重庆市黔江地区、四川省达州市和广安市)，这些地市与其邻近的地市之间存在负的空间关联关系。

3.3.2.2 五大区域经济增长局部 LISA 显著性水平综合分析

为了更好地考察潜在的局部空间经济关联关系，本节将对局部 *Moran* 统计、局部 *Geary* 统计的伪显著性水平进行综合分析，以便更加实际地反映各种局部空间经济关联关系。结合各地市局部 *Moran* 统计及局部 *Geary* 统计的伪显著性水平（取 $p \leqslant 0.10$ 的检验水平)，将满足检验水平 $p-Ii \leqslant 0.10$ 且 $p-Ci \geqslant 0.90$ 的区域定义为高—高区域（正的空间自相关）；将满足检验水平 $p-Ii \geq 0.90$ 且 $p-Ci \geq 0.90$ 的区域定义为低—低区域（正的空间自相关）；将满足检验水平 $p-Ii \geq 0.90$ 且 $p-Ci \leq 0.10$ 的区域定义为高—低区域（负的空间自相关）；将满足检验水平 $p-Ii \leq 0.10$ 且 $p-Ci \leq 0.10$ 的区域定义为低—高区域（负的空间自相关）。将五大区域 1992～2010 年各个时段的数据进行分析，分别得到了各大区域满足以上四个条件的地市，这些地市的具体分析统计量与伪显著性水平见表 3－7，并将结果图形化表示，具体参见图 3－10～图 3－14。

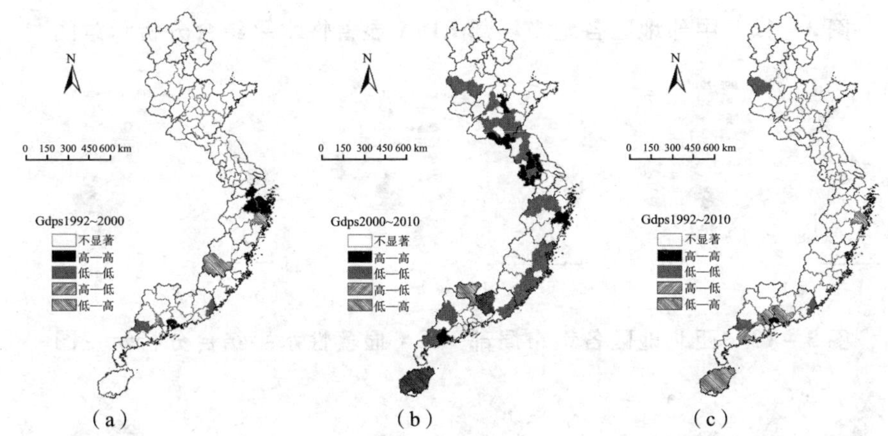

图 3－10　东部地区各地市局部 LISA 显著性水平结合分析示意图

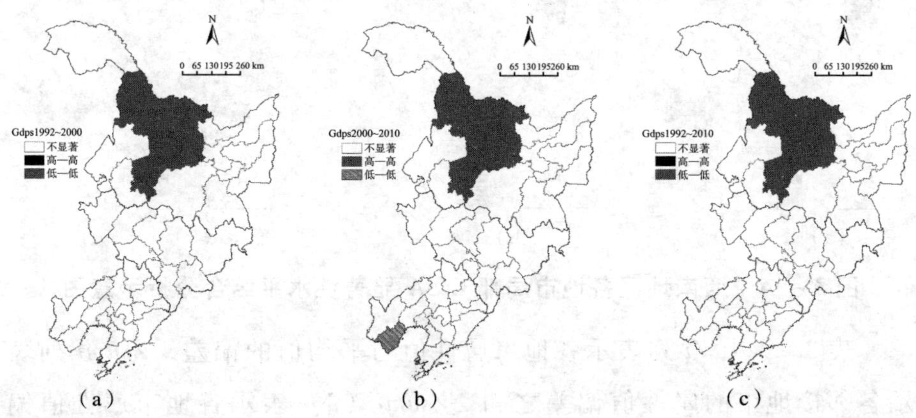

图 3－11　东北地区各地市局部 LISA 显著性水平结合分析示意图

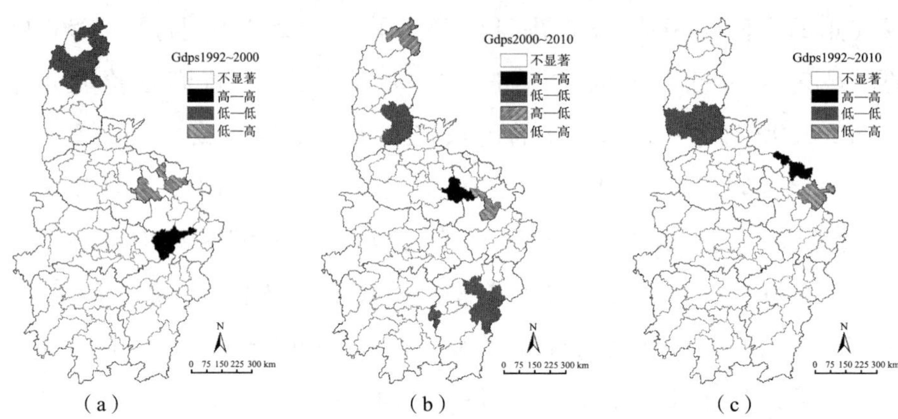

（a）　（b）　（c）

图 3-12　中部地区各地市局部 LISA 显著性水平结合分析示意图

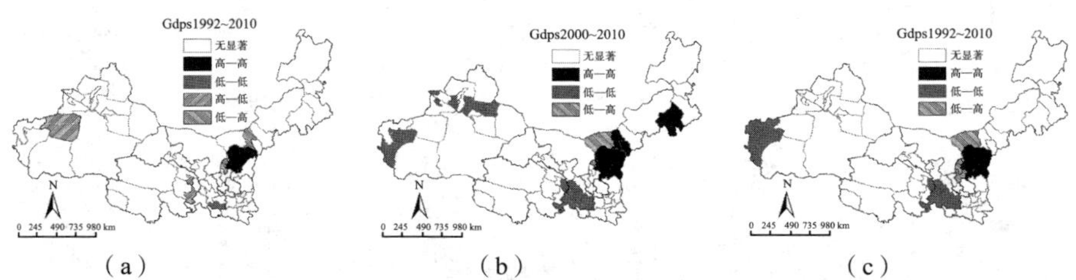

（a）　（b）　（c）

图 3-13　西北地区各地市局部 LISA 显著性水平结合分析示意图

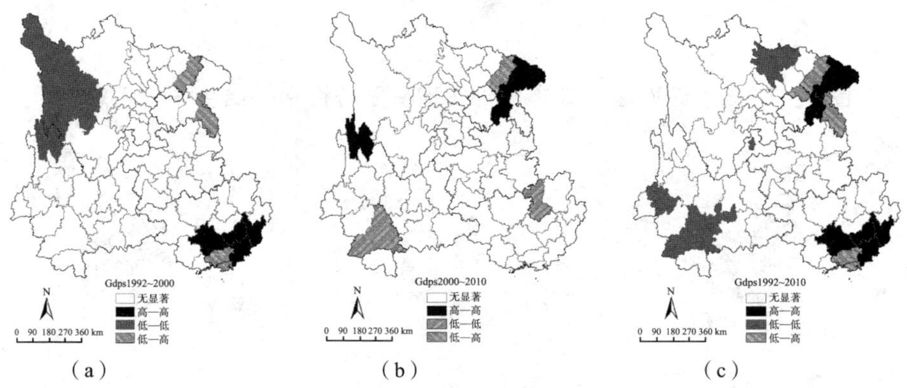

（a）　（b）　（c）

图 3-14　西南地区各地市局部 LISA 显著性水平结合分析示意图

表 3-7 中 *Zi* 列表示各地市属性值与平均值的偏差，*Zsumi* 列表示各邻接地市的属性值偏差之和，*Zsumi*（2）表示各地市属性值偏差与邻接地市属性值偏差的差方和，*Ii* 列和 *Ci* 列分别为局部 *Moran* 统计、局部 *Geary* 统计，*p-Ii* 列和 *p-Ci* 列分别表示局部 *Moran* 统计

表 3-7　五大区域 1992~2010 年各时段局部 *Moran* 和局部 *Geary* 具有显著性水平的地市综合分析结果

（变量:人均 GDP 年均增速）

区域	时间段	地市样本	*Zi*	*Zsumi*	*Zsumi*(2)	*Ii*	*p-Ii*	*Ci*	*p-Ci*	关联
东部地区	1992~2000	三明市	7.227668	57.263329	259.446662	-2.52938	0.04367	1.35616	0.06573	(- +)
		深圳市	20.685622	39.547229	47.596495	9.19289	0.00180	4.34521	0.99276	(+ +)
		佛山市	11.876324	47.901618	201.031565	-0.08644	0.98633	-2.25767	0.05048	(+ -)
		东莞市	24.565951	49.821623	215.316581	9.79302	0.00209	4.15565	0.99828	(+ +)
		汕头市	6.413249	14.242953	13.880888	0.01862	0.95541	0.06578	0.90001	(- -)
		潮州市	4.583986	33.137499	81.768301	0.11431	0.95778	-0.43961	0.95505	(- -)
		云浮市	1.709091	41.320666	235.136030	4.02194	0.97999	-2.53895	0.98412	(- -)
		宁波市	15.532723	29.417434	3.814093	1.68192	0.06784	1.85612	0.98502	(+ +)
		嘉兴市	13.267728	67.766434	12.527076	0.63521	0.06209	1.31515	0.98221	(+ +)
		绍兴市	15.816896	71.354571	15.270992	2.56268	0.02731	2.28766	0.99975	(+ +)
		台州市	13.600538	36.476925	139.257184	1.48735	0.01487	2.17063	0.04236	(- +)
	2000~2010	福州市	-2.273308	-7.354270	13.609692	1.56495	0.93098	-1.81327	0.96433	(- -)
		宁德市	-2.860112	-6.708027	16.708584	1.98552	0.93660	-1.96200	0.93671	(- -)
		河源市	2.504494	-8.299384	85.289287	-2.10111	0.96661	-1.18828	0.08402	(+ -)
		茂名市	-2.239217	-7.167066	6.696962	1.90416	0.97013	-2.14345	0.92823	(- -)

续表

区域	时间段	地市样本	Zi	Zsumi	Zsumi(2)	Ii	p - Ii	Ci	p - Ci	关联
东部地区	2000 ~ 2010	韶关市	-2. 332840	6. 572288	89. 491863	-1. 54353	0. 07179	0. 86932	0. 06793	(- +)
		汕头市	-5. 316758	-6. 923126	6. 941661	5. 27691	0. 99125	-3. 20141	0. 99454	(- -)
		潮州市	-3. 632097	-12. 287538	11. 225428	4. 58686	0. 99784	-3. 26442	0. 99273	(- -)
		揭阳市	-3. 291029	-13. 738821	6. 155140	4. 64670	0. 99933	-3. 49207	0. 99613	(- -)
		海口市	0. 185280	7. 205699	49. 286283	0. 28006	0. 01144	2. 35365	0. 01144	(- +)
		石家庄市	-2. 367047	-10. 532736	6. 919400	2. 94667	0. 99747	-2. 93953	0. 93302	(- -)
		衡水市	-4. 899086	-6. 180784	82. 936294	2. 81250	0. 90831	-2. 08680	0. 91082	(- -)
		徐州市	0. 962471	9. 626016	11. 413853	0. 81247	0. 04082	1. 85782	0. 91053	(+ +)
		泰州市	1. 781514	9. 200494	8. 725549	1. 32221	0. 05738	1. 81379	0. 99126	(+ +)
		淄博市	0. 705496	8. 260119	12. 855534	0. 49092	0. 07997	1. 48076	0. 92773	(+ +)
		台州市	-1. 127864	4. 357628	56. 492695	0. 39925	0. 04671	-0. 88817	0. 03294	(- +)
	1992 ~ 2010	惠州市	0. 863351	5. 846444	72. 105739	0. 63386	0. 09565	1. 39674	0. 02470	(- +)
		广州市	1. 008735	6. 575442	57. 192226	0. 82355	0. 07151	1. 57875	0. 08527	(- +)
		佛山市	1. 371903	-9. 260943	94. 727770	-1. 49022	0. 97411	-1. 64221	0. 01262	(+ -)
		东莞市	6. 576967	5. 846365	70. 424600	6. 41356	0. 01360	3. 35868	0. 98254	(+ +)
		汕头市	-2. 928270	-3. 725773	5. 224758	2. 22570	0. 92291	-2. 06483	0. 93476	(- -)
		阳江市	-1. 205878	-11. 787826	29. 368906	2. 38407	0. 99955	-3. 51288	0. 09892	(+ -)

续表

区域	时间段	地市样本	Zi	Zsumi	Zsumi(2)	Ii	p - Ii	Ci	p - Ci	关联
东部地区	1992 ~ 2010	潮州市	-3.078344	-7.205728	15.320922	3.23649	0.97203	-2.50191	0.97762	(- -)
		云浮市	-5.980460	-8.178073	108.453433	6.39960	0.98453	-3.16373	0.98129	(- -)
		海口市	-0.806994	3.310964	16.957578	-0.74883	0.03487	0.94603	0.03465	(- +)
		石家庄市	-0.911001	-5.050499	1.937608	0.78574	0.93635	-1.61171	0.95441	(- -)
		台州市	0.445873	4.691028	23.196452	0.29609	0.03628	1.13402	0.04262	(- +)
东北地区	1992 ~ 2000	朝阳市	-5.726710	-9.980078	25.825895	3.36352	0.97766	-2.57378	0.97830	(- -)
		长春市	6.404637	11.950061	56.192307	3.96009	0.01824	2.73320	0.98768	(+ +)
		松原市	4.117800	20.547922	25.655286	3.98549	0.00127	3.40837	0.99187	(+ +)
		黑河市	-3.524708	-11.554543	21.681905	2.13578	0.97119	-2.24545	0.95008	(- -)
		大兴安岭地区	-6.459160	-3.524708	8.611009	2.24864	0.94349	-2.24457	0.94349	(- -)
	2000 ~ 2010	葫芦岛市	-3.115688	6.601994	92.725058	-1.92697	0.05231	0.76113	0.03285	(- +)
		绥化市	-2.781528	-16.722947	8.404428	3.01679	0.99834	-3.15798	0.99529	(- -)
		伊春市	-4.280680	-9.245316	32.917407	2.57705	0.95105	-2.19000	0.98347	(- -)
		黑河市	-2.236270	-14.761483	10.306417	2.36309	0.99819	-2.96576	0.95366	(- -)
	1992 ~ 2010	长春市	2.442780	8.033740	11.319415	2.61569	0.01734	2.48107	0.94045	(+ +)
		松原市	4.781641	7.605276	60.269601	4.36804	0.01641	2.72216	0.98168	(+ +)
		绥化市	-2.737508	-7.053179	21.679413	2.35198	0.94937	-2.15161	0.95474	(- -)

续表

区域	时间段	地市样本	Zi	Zsumi	Zsumi(2)	Ii	p－Ii	Ci	p－Ci	关联
东北地区	1992～2010	伊春市	－3.245789	－7.075473	25.935456	2.78425	0.95352	－2.26821	0.97423	（－ －）
		黑河市	－2.803969	－13.241426	7.327802	4.89378	0.99946	－3.79990	0.99293	（－ －）
		大兴安岭地区	－5.327095	－2.803969	6.366165	3.75373	0.97231	－2.90724	0.97231	（－ －）
中部地区	1992～2000	蚌埠市	－1.233614	23.038225	334.947073	－0.91463	0.00524	2.54832	0.00628	（－ ＋）
		淮北市	－1.562666	15.544991	240.741541	－0.79880	0.02391	1.62744	0.03459	（－ ＋）
		铜陵市	3.943830	15.386625	38.364410	0.95923	0.02334	1.28367	0.90136	（＋ ＋）
		安庆市	1.035199	15.301337	19.166547	0.18333	0.04928	0.63435	0.96218	（＋ ＋）
		阜阳市	－5.663287	14.824667	855.918023	－5.31965	0.05735	2.79404	0.00149	（－ ＋）
		太原市	－1.606969	－12.248664	3.750107	0.30851	0.94079	－0.80009	0.98716	（－ －）
		大同市	－5.910717	－12.574700	27.463914	1.28746	0.98016	－1.56852	0.91765	（－ －）
		阳泉市	－2.070553	－12.766025	5.764961	0.27498	0.96499	－0.68203	0.94546	（－ －）
		忻州市	－1.769129	－18.022311	18.173962	0.78593	0.97797	－1.70050	0.94954	（－ －）
	2000～2010	合肥市	7.156365	19.354218	333.536346	－3.91263	0.00057	－0.05572	0.09207	（－ ＋）
		淮南市	0.201213	11.270470	91.427860	－0.04284	0.04995	－0.84844	0.08974	（－ ＋）
		阜阳市	－2.830840	8.810599	16.702912	1.65096	0.09654	－1.81766	0.98938	（＋ ＋）
		南昌市	1.388503	－7.228278	1.056233	0.48086	0.92414	1.01629	0.99856	（－ －）
		萍乡市	1.771913	－7.247726	11.578402	0.66523	0.92451	1.16013	0.91423	（－ －）

续表

区域	时间段	地市样本	Zi	Zsumi	Zsumi(2)	Ii	p - Ii	Ci	p - Ci	关联
中部地区	2000 ~ 2010	鹰潭市	4. 069297	- 8. 208205	13. 094253	1. 28629	0. 99059	1. 57072	0. 93082	(- -)
		抚州市	1. 338954	- 9. 425625	13. 195525	0. 63122	0. 93492	1. 29521	0. 96022	(- -)
		大同市	- 1. 255462	- 12. 234102	68. 027034	- 1. 01168	0. 99960	1. 48355	0. 05915	(+ -)
		晋城市	1. 254537	- 13. 494693	10. 711080	0. 58436	0. 98575	1. 26532	0. 97288	(- -)
		长治市	1. 870800	- 19. 969305	7. 672618	0. 59824	0. 99980	1. 03263	0. 98979	(- -)
	1992 ~ 2010	宿州市	- 0. 685116	7. 368712	1. 388779	0. 13009	0. 03422	- 0. 47742	0. 95950	(+ +)
		滁州市	- 0. 734257	6. 803468	63. 686846	- 0. 47395	0. 07389	1. 30436	0. 03046	(- +)
		晋城市	1. 375673	- 15. 609123	11. 669330	0. 34895	0. 99451	0. 74004	0. 95533	(- -)
		临汾市	1. 210357	- 19. 002796	6. 089937	0. 54994	0. 99960	1. 15579	0. 97276	(- -)
		长治市	0. 092290	- 26. 832628	4. 657261	0. 04850	1. 00000	0. 53163	0. 94555	(- -)
西北地区	1992 ~ 2000	陇南市	- 3. 569747	- 10. 745652	26. 860646	1. 85219	0. 94764	- 1. 93925	0. 97902	(- -)
		包头市	0. 734293	18. 226664	129. 941706	0. 73555	0. 00500	2. 78977	0. 03817	(- +)
		鄂尔多斯市	11. 352777	15. 709274	861. 024075	6. 55505	0. 01862	2. 94295	0. 98620	(+ +)
		银川市	- 0. 793190	13. 288004	157. 686197	- 0. 51958	0. 02488	1. 83839	0. 04830	(- +)
		石嘴山市	- 0. 843218	14. 655075	168. 443040	- 0. 61494	0. 01688	2. 03217	0. 03561	(- +)
		西宁市	0. 950030	- 12. 656381	84. 678333	- 0. 69398	0. 99373	- 1. 90957	0. 06361	(+ -)
		黄南藏族自治州	5. 195369	- 16. 693351	356. 141051	- 4. 51673	0. 99794	- 1. 69173	0. 00329	(+ -)

续表

区域	时间段	地市样本	Zi	Zsumi	Zsumi(2)	Ii	p - Ii	Ci	p - Ci	关联
西北地区	1992 ~ 2000	阿克苏地区	1.663248	-11.731488	169.760748	-0.88540	0.95690	-1.36390	0.01795	(+ -)
	2000 ~ 2010	兰州市	-4.419693	-19.850043	5.703941	2.18975	0.99746	-2.36209	0.99960	(- -)
		天水市	-4.308353	-12.473756	13.238222	1.49567	0.95972	-1.77401	0.99385	(- -)
		定西市	-4.564828	-25.075071	15.866626	2.45738	0.99787	-2.54249	0.99998	(- -)
		陇南市	-2.905315	-13.786711	11.328672	1.02030	0.95026	-1.62458	0.98751	(- -)
		临夏回族自治州	-4.842667	-12.563316	19.546882	1.68880	0.96273	-1.83996	0.99941	(- -)
		甘南藏族自治州	-1.221121	-23.532531	46.624015	0.65097	0.99437	-2.12335	0.99484	(- -)
		呼和浩特市	6.303993	23.951182	85.877010	4.73521	0.00589	3.54581	0.94649	(+ +)
		包头市	8.041093	22.708205	137.396636	5.00147	0.01224	3.25046	0.99663	(+ +)
		乌海市	6.669162	27.204112	118.496996	5.68406	0.00226	3.96984	0.93694	(+ +)
		鄂尔多斯市	14.176280	47.996136	961.062294	12.91160	0.00021	4.85760	0.99993	(+ +)
		巴彦淖尔市	0.494123	34.303182	378.525338	0.55716	0.00024	4.07813	0.08752	(- +)
		赤峰市	3.541357	9.925925	4.344235	1.35497	0.08509	1.80749	0.93248	(+ +)
		石嘴山市	0.942023	37.052628	342.237915	0.98318	0.00041	4.01636	0.03011	(- +)
		海东地区	-2.357675	-19.777669	54.285035	0.97581	0.96679	-1.80636	0.96243	(- -)
		榆林市	13.515398	13.581237	589.445138	5.02751	0.05371	2.86435	0.99893	(+ +)
		昌吉回族自治州	-1.764888	-18.266724	38.343171	0.63877	0.92151	-1.50627	0.99483	(- -)

续表

区域	时间段	地市样本	Zi	Zsumi	Zsumi(2)	Ii	p－Ii	Ci	p－Ci	关联
西北地区	2000～2010	喀什地区	－1. 314044	－10. 392531	21. 334012	0. 45449	0. 95268	－1. 37197	0. 92068	(－　－)
	1992～2010	兰州市	－2. 958329	－11. 322433	4. 163106	1. 63418	0. 97920	－1. 92511	0. 99592	(－　－)
		天水市	－2. 792318	－8. 838236	6. 192788	1. 33853	0. 95909	－1. 70288	0. 96700	(－　－)
		定西市	－3. 127603	－17. 143175	4. 877532	2. 23934	0. 99654	－2. 40838	0. 99968	(－　－)
		陇南市	－3. 188829	－12. 331838	8. 999326	1. 91189	0. 98930	－2. 09226	0. 98826	(－　－)
		临夏回族自治州	－2. 216384	－10. 916103	1. 614170	1. 31290	0. 98961	－1. 92278	0. 99452	(－　－)
		甘南藏族自治州	－2. 137235	－15. 692602	9. 251362	1. 41799	0. 99050	－2. 11838	0. 98669	(－　－)
		鄂尔多斯市	12. 908053	33. 110326	859. 703446	15. 72490	0. 00010	4. 98000	0. 99993	(＋　＋)
		巴彦淖尔市	1. 227028	24. 428771	179. 901422	1. 84499	0. 00071	4. 16461	0. 00362	(－　＋)
		银川市	1. 875132	18. 497355	160. 150248	1. 86744	0. 00919	2. 98282	0. 02573	(－　＋)
		石嘴山市	0. 145282	26. 758031	235. 612798	0. 23946	0. 00068	3. 93903	0. 00453	(－　＋)
		吴忠市	－1. 400982	32. 235304	404. 970717	－1. 80143	0. 00127	3. 66345	0. 00602	(－　＋)
		海东地区	－2. 692937	－12. 887843	28. 336435	1. 38838	0. 95278	－1. 76109	0. 94740	(－　－)
		榆林市	9. 054659	15. 121201	238. 484197	7. 27153	0. 01617	3. 53969	0. 93837	(＋　＋)
		克孜勒苏柯尔克孜自治州	－3. 364498	－4. 978643	2. 559167	1. 25718	0. 91998	－1. 55095	0. 92926	(－　－)
		喀什地区	－3. 206015	－9. 959497	4. 692322	1. 96345	0. 99621	－2. 13711	0. 95645	(－　－)

续表

区域	时间段	地市样本	*Zi*	*Zsumi*	*Zsumi*(2)	*Ii*	*p-Ii*	*Ci*	*p-Ci*	关联
西南地区	1992~2000	梧州市	8. 194283	28. 921595	147. 888025	7. 38692	0. 00234	4. 04146	0. 99823	(+ +)
		玉林市	14. 238183	16. 506600	478. 840409	8. 11890	0. 01551	3. 63604	0. 98795	(+ +)
		南宁市	3. 565477	18. 562659	49. 359285	1. 80814	0. 04769	2. 12360	0. 99858	(+ +)
		钦州市	0. 608917	28. 871794	263. 920681	0. 58332	0. 00360	3. 21008	0. 02389	(- +)
		北海市	-0. 664755	14. 847100	223. 719801	-0. 44935	0. 01716	2. 12956	0. 02203	(- +)
		贵港市	8. 368155	28. 945296	154. 116462	7. 54900	0. 00274	4. 06297	0. 99840	(+ +)
		甘孜藏族自治州	-3. 295022	-9. 401780	13. 299948	1. 09959	0. 92155	-1. 50159	0. 94906	(- -)
		达州市	-0. 361604	19. 566781	240. 269952	-0. 18123	0. 02567	2. 09120	0. 05577	(- +)
		迪庆藏族自治州	-4. 101567	-8. 493475	21. 611860	1. 23229	0. 90164	-1. 48955	0. 95903	(- -)
		黔江地区	-0. 240892	14. 908625	241. 024636	-0. 08967	0. 04445	1. 73468	0. 02906	(- +)
	2000~2010	柳州市	5. 138255	-7. 269423	197. 785001	-3. 39434	0. 94510	-0. 41494	0. 08166	(+ -)
		达州市	-0. 062418	7. 900802	68. 593369	-0. 00322	0. 07529	1. 40512	0. 06704	(- +)
		普洱市	0. 587157	-13. 409618	71. 138890	-0. 55812	0. 99213	-2. 14665	0. 08866	(+ -)
		迪庆藏族自治州	7. 411435	5. 767169	144. 063992	3. 95573	0. 08068	2. 56587	0. 95484	(+ +)
		万县区	6. 454466	6. 303323	108. 932796	3. 76684	0. 07117	2. 48394	0. 94500	(+ +)
		涪陵区	4. 048294	10. 491047	64. 317561	3. 27596	0. 03517	2. 43408	0. 96420	(+ +)

续表

区域	时间段	地市样本	Zi	$Zsumi$	$Zsumi(2)$	Ii	$p-Ii$	Ci	$p-Ci$	关联
西南地区	1992～2010	梧州市	3.861420	9.790710	56.647029	3.53923	0.03857	2.56652	0.95495	(+ +)
		玉林市	5.934893	6.433019	102.804349	3.95644	0.07583	2.52534	0.93647	(+ +)
		南宁市	3.699210	8.631749	65.162030	2.58478	0.07723	2.04311	0.99051	(+ +)
		钦州市	-0.375290	15.598226	93.642433	-0.50385	0.00687	2.86183	0.06438	(- +)
		北海市	-1.598819	5.559602	58.253840	-1.24853	0.06748	1.02681	0.06013	(- +)
		贵港市	4.545709	13.757368	42.607818	5.82941	0.01071	3.44088	0.99837	(+ +)
		绵阳市	-2.198768	-8.837222	6.160298	1.83763	0.98770	-2.07470	0.97512	(- -)
		广元市	-3.236338	-4.359049	10.761899	1.69011	0.91954	-1.71941	0.93544	(- -)
		达州市	-0.174992	13.148740	124.476703	-0.17483	0.01529	2.43899	0.01134	(- +)
		广安市	0.373233	14.471201	108.882414	0.50240	0.01388	2.60622	0.02109	(- +)
		玉溪市	-1.034149	-5.970011	2.064225	0.60997	0.90821	-1.31674	0.96880	(- -)
		普洱市	-1.566335	-7.438111	2.256497	1.03485	0.94019	-1.58090	0.99537	(- -)
		保山市	-1.142573	-5.326403	1.735444	0.65919	0.91401	-1.32087	0.94354	(- -)
		万县区	9.099333	7.415532	232.379479	6.96640	0.03439	3.37209	0.96702	(+ +)
		涪陵区	5.836455	10.686636	166.649095	5.35633	0.03155	2.90094	0.93384	(+ +)
		黔江地区	1.380837	12.296798	94.180393	1.77844	0.01325	2.79277	0.00665	(- +)

说明：(+ +)表示 $p-Ii \leqslant 0.10$ 且 $p-Ci \geqslant 0.90$；(- -)表示 $p-Ii \geqslant 0.90$ 且 $p-Ci \geqslant 0.90$；(+ -)表示 $p-Ii \geqslant 0.90$ 且 $p-Ci \leqslant 0.10$；(- +)表示 $p-Ii \leqslant 0.10$ 且 $p-Ci \leqslant 0.10$。

伪显著性水平、局部 *Geary* 统计伪显著性水平（基于 100000 次多序列蒙特卡罗模拟随机排列试验）。

结合图 3－10～3－14 和表 3－7，在取显著性检验 $p\leq 0.10$ 时，综合分析如下。

1. 东部地区

根据图 3－10 和表 3－7，东部地区在 1992～2000 时段有 5 个地市（深圳市、东莞市、宁波市、嘉兴市、绍兴市）、2000～2010 时段有 3 个地市（徐州市、淄博市、泰州市）、1992～2010 时段有 1 个地市（东莞市）分别与其邻近地市之间存在显著性的正的空间关联关系（＋ ＋），这种关系可以标识为扩散效应，这些地市分别与其邻近地市一起表现出经济增长速度相对较快的区域经济增长空间聚集模式。在 1992～2000 时段有 3 个（汕头市、潮州市、云浮市）、2000～2010 时段有 8 个（福州市、宁德市、石家庄市等）、1992～2010 时段有 4 个地市（汕头市、潮州市、云浮市、石家庄市）分别与其邻近地市之间存在显著性的正的空间关联关系（－ －），这些地市分别与其邻近地市一起表现出经济增长速度相对较慢的、滞后的区域经济增长空间聚集模式。在 1992～2000 时段有 1 个（佛山市）、2000～2010 时段有 1 个（河源市）、1992～2010 时段有 2 个地市（佛山市、阳江市）分别与其邻近地市之间存在显著性的负的空间关联关系（＋ －），这种关系可以标识为极化效应或回流效应，这些地市经济增长速度相对较快，而与其邻近的地市经济增长速度相对较慢。在 1992～2000 时段有 2 个（三明市、台州市）、2000～2010 时段有 3 个（韶关市、海口市、台州市）、1992～2010 时段有 4 个地市（惠州市、广州市、海口市、台州市）分别与其邻近地市之间存在显著性的负的空间关联关系（－ ＋），这种关系可以标识为离心效应，这些地市经济增长速度相对较慢，而与其邻近的地市经济增长速度相对较快。

2. 东北地区

根据图 3－11 和表 3－7，东北地区在 1992～2000 时段有 2 个（长春市、松原市）、2000～2000 时段有 0 个、1992～2010 时段有 2 个地市（长春市、松原市）分别与其邻近地市之间存在显著性的正的空间关联关系（＋　＋），这种关系可以标识为扩散效应，这些地市分别与其邻近地市一起表现出经济增长速度相对较快的区域经济增长空间聚集模式。在 1992～2000 时段有 3 个（朝阳市、黑河市、大兴安岭地区）、2000～2010 时段有 3 个（绥化市、伊春市、黑河市）、1992～2010 时段有 4 个地市（绥化市、伊春市、黑河市、大兴安岭地区）分别与其邻近地市之间存在显著性的正的空间关联关系（－　－），这些地市分别与其邻近地市一起表现出经济增长速度相对较慢的、滞后的区域经济增长空间聚集模式。在三个时段，东北地区各地市与其邻近地市之间均不存在显著性的（＋　－）类型的负的空间关联关系，此外只有在 2000～2010 时段有 1 个地市（葫芦岛市）与其邻近地市之间存在显著性的（－　＋）类型的负的空间关联关系，这种关系可以标识为离心效应。

3. 中部地区

根据图 3－12 和表 3－7，中部地区在 1992～2000 时段有 2 个（铜陵市、安庆市）、2000～2010 时段有 1 个（阜阳市）、1992～2010 时段有 1 个地市（宿州市）分别与其邻近地市之间存在显著性的正的空间关联关系（＋　＋），这种关系可以标识为扩散效应，这些地市分别与其邻近地市一起表现出经济增长速度相对较快的区域经济增长空间聚集模式。在 1992～2000 时段有 4 个（太原市、大同市、阳泉市、忻州市）、2000～2010 时段有 6 个（南昌市、萍乡市、鹰潭市、抚州市、晋城市、长治市）、1992～2010 时段有 3 个地市（晋城市、临汾市、长治市）分别与其邻近地市之间存在显著性的正的空间关联关系（－　－），这些地市分别与其邻近地市一起表现出经济增长速度相对较慢的、滞后的区域经济增长空间聚集模式，这种滞后模式全部分布在山西省部分地市、江西省部分地市。只有在2000～2010时段有1个地市（大同市）与其邻近地市之间存在显著性的负的空间关联关系（+ -），这种关系可以标识为极化效应或回流效应，大同市经济增长速度相对较快，而与其邻近的地市经济增长速度相对较慢。在1992～2000时段有3个（蚌埠市、淮北市、阜阳市）、2000～2010时段有2个（合肥市、淮南市）、1992～2010时段有1个地市（滁州市）与其邻近地市之间存在显著性的负的空间关联关系（- +），这种关系可以标识为离心效应，这些地市经济增长速度相对较慢，而与其邻近的地市经济增长速度相对较快。

4. 西北地区

根据图3-13和表3-7，西北地区在1992～2000时段有1个（鄂尔多斯市）、2000～2010时段有6个（呼和浩特市、包头市、乌海市、鄂尔多斯市、赤峰市、榆林市）、1992～2010时段有2个地市（鄂尔多斯市、榆林市）分别与其邻近地市之间存在显著性的正的空间关联关系（+ +），这种关系可以标识为扩散效应，这些地市分别与其邻近地市一起表现出经济增长速度相对较快的区域经济增长空间聚集模式。2000～2010时段这种模式主要出现在内蒙古，这与这一时段内蒙古大部分地市经济发展速度较快具有较为直接的关系。在1992～2000时段有1个（陇南市）、2000～2010时段有9个（兰州市、天水市、定西市、陇南市、临夏回族自治州、甘南藏族自治州、海东地区、昌吉回族自治州、喀什地区）、1992～2010时段有9个地市（兰州市、天水市、定西市、陇南市、临夏回族自治州、甘南藏族自治州、海东地区、克孜勒苏柯尔克孜自治州、喀什地区）分别与其邻近地市之间存在显著性的正的空间关联关系（- -），这些地市分别与其邻近地市一起表现出经济增长速度相对较慢的、滞后的区域经济增长空间聚集模式。随着时间的推移，具有这种模式的地区明显增多，且主要分布在甘肃、陕西、新疆等地，说明这些地区的经济发展速度有所下降，经济发展滞后。西北地区只有在1992～2000时段有3个地市（西宁市、黄南藏族自治州、阿克苏地区）分别与其邻近地市之间存在显著性的负的空间关联关系（＋　－），这种关系可以标识为极化效应或回流效应。在1992～2000时段有3个（包头市、银川市、石嘴山市）、2000～2010时段有2个（巴彦淖尔市、石嘴山市）、1992～2010时段有4个地市（巴彦淖尔市、银川市、石嘴山市、吴忠市）分别与其邻近地市之间存在显著性的负的空间关联关系（－　＋），这种关系可以标识为离心效应，这些地市经济增长速度相对较慢，而与其邻近的地市经济增长速度相对较快。

5. 西南地区

根据图3－14和表3－7，西南地区在1992～2000时段有4个（梧州市、玉林市、南宁市、贵港市）、2000～2010时段有3个（迪庆藏族自治州、万县区、涪陵区）、1992～2010时段有6个地市（梧州市、玉林市、南宁市、贵港市、万县区、涪陵区）分别与其邻近地市之间存在显著性的正的空间关联关系（＋　＋），这种关系可以标识为扩散效应，这些地市分别与其邻近地市一起表现出经济增长速度相对较快的区域经济增长空间聚集模式。这些地区在1992～2000时段内分布在广西，2000～2010时段集中在重庆市等地。在1992～2000时段有2个（甘孜藏族自治州、迪庆藏族自治州）、2000～2010时段有0个、1992～2010时段有5个地市（绵阳市、广元市、玉溪市、普洱市、保山市）分别与其邻近地市之间存在显著性的正的空间关联关系（－　－），这些地市分别与其邻近地市一起表现出经济增长速度相对较慢的、滞后的区域经济增长空间聚集模式。虽然1992～2000时段内甘孜藏族自治州、迪庆藏族自治州具有这种经济滞后发展模式，但 2000～2010 这种情况有所好转，并且整个西南地区没有出现滞后发展模式的地区，这与这一时段内西南地区整体上的经济发展速度加快有较明显的关系。虽然在 1992～2000 时段内没有出现显著性为负的空间关联关系（+ –），但在 2000～2010 时段有 2 个地市（柳州市、普洱市）分别与其邻近地市之间存在这种空间经济关联模式。在 1992～2000 时段有 4 个（钦州市、北海市、达州市、黔江地区）、2000～2010 时段有 1 个（达州市）、1992～2010 时段有 5 个地市（钦州市、北海市、达州市、广安市、黔江地区）与其邻近地市之间存在显著性的负的空间关联关系（– +），这种关系可以标识为离心效应，这些地市经济增长速度相对较慢，而与其邻近的地市经济增长速度相对较快。

3.4 主要结论

根据上述对全国和五大区域 1992～2010 年不同时段区域经济增长空间相关性分析结果的计算和解释，大致可以得出以下结论。

第一，中国实际人均 GDP 年均增长率除了 1992～2000 时段内有个别地市出现负值外，其他时段各地市的年均增长率均为正值，说明 1992～2010 年全国经济发展状况良好，大部分地市都保持了较高的经济增长率；数据表明，具有较高经济增长速度的地市有明显的空间聚集现象；五大区域之间的经济差异也比较明显，中、西部地区的经济增长速度和东部沿海地区相比有明显的差距，但随着国家实施的一系列均衡发展战略，这些差距在逐渐缩小。

第二，从全国来看，全局空间自相关分析结果显示，在采用全国和各大区域样本情形下各地市的人均 GDP 年均增长率均表现出显著的空间自相关，除了个别区域外，其他大区域在 3 个时段内均通过了 $p = 0.05$ 的显著性检验，说明这些大区域内各地市人均 GDP 的年均增长率具有明显的空间集聚现象，具有较高增长速度的地市相对趋近于较高增速的其他地市，或者增速较低的地市相对趋近于增速较低的其他地市；同时，随着时间的推移，各大区域的全局空间自相关水平有所下降，全局 *Moran* 统计值有所减小；从局部自相关分析来看，3 个时段局部 *Moran* 系数通过 $p \leqslant 0.05$ 显著性水平检验的地市数分别为 71、61、57，局部 *Geary* 系数通过 $p \leqslant 0.05$ 显著性水平检验的地市数分别为 88、71、81，整体上，局部空间集聚模式呈现出由东部沿海地区向中、西部地区转移的趋势。

第三，五大区域局部统计的显著性水平分析结果显示，东部地区表现出较快经济增长模式的地市主要分布在广东省、上海市、海南省等区域，表现出相对滞后的区域经济增长模式的地市主要分布在河北省、广东省部分地区；东北地区具有较快经济增长模式的地市主要分布在吉林省、辽宁省，黑龙江省则表现出经济增长相对滞后的发展模式；中部地区具有较快经济增长模式的地市主要分布在安徽省、河南省，经济增长相对滞后的地市分布在山西省、湖北省、湖南省、江西省的部分地区；西北地区经济增长较快的地市主要分布在内蒙古、宁夏、新疆等地，发展相对滞后的地市分布在甘肃省、青海省、陕西省；西南地区具有较快经济发展模式的地市有云南省部分地区、广西、四川省部分地区、重庆市，发展相对滞后的地市有贵州省、四川省部分地区、云南省部分地区。

第四，通过局部 *Moran* 统计、局部 *Geary* 统计伪显著性水平的综合分析，发现具有较快经济增长模式的地市有向西、北方向转移的趋势，且经济增长相对滞后模式的地市有所增加。国家实施的一系列战略措施，在发展了中、西部地区的同时，也从侧面降低了东部地区在全国经济发展中的领先地位；东北没有一直延续快速发展的优势，在 2000 年后，其发展速度相对有所下降；中部地区具有快速经济增长模式的地市数量有所减少，导致出现了“中部塌陷”的尴尬境地，但这种态势在近些年有所改善；西北地区的内蒙古多个地市出现了经济快速增长的态势，并取得了较好效果，但甘肃、陕西的部分地区的经济发展出现滞后；西南地区具有较快经济增长模式的地市有所减少，但从整体上看经济增长速度有所提高。

第四章　基于横截面空间线性模型的中国区域经济增长空间计量经济分析

——以中部地区为例

上一章对中国区域经济增长空间相关性做了综合分析，分析结果表明全国和五大区域各地市人均 GDP 年均增长率表现出显著的空间相关性，但未对区域经济增长中潜在的空间影响开展必要的空间计量经济分析。因此，本章将采用横截面空间线性模型，构建空间计量经济经验模型，尝试性地解释空间因素对中国区域经济增长的影响。考虑到开展全国层面的分析时，存在部分变量数据的不一致性或者一些数据难以准确获得，因此在具体分析中更倾向于开展大区域地市层面的分析。本章将以中部地区为研究区，根据第二章的空间计量经济学理论与方法，开展区域经济增长空间计量经济分析，说明空间影响在区域经济增长中的作用。分析中，将在选择区域经济增长影响因素的基础上，基于 OLS 方法进行回归分析，进而为选择合适的空间线性回归模型提供支持，分别对空间滞后模型、空间误差模型进行 ML 估计并分析其结果。

4.1　区域经济增长影响因素简述

影响区域经济增长的因素有很多，总的说来，“经济增长主要受区域内外生产和消费的影响，除了表现为以上经济指标的增加外，还表现为就业水平、人口规模、实物资本和人力资本存量的增加，并将最终导致区域空间结构和区域经济结构的演变”（Jones，1995）。经济增长理论认为，资本、劳动和技术是影响经济增长的三个最基本因素，而影响这三个因素的变量是非常繁杂的。中国是一个发展中国家，各个地区的经济发展水平很不平衡，因此当我们考察造成区域经济增长集聚的影响因素时，选择哪些变量构建方程，以及所选取的变量要如何量化，是一个非常重要和复杂的问题。

资本的规模主要表现在投资上。由于在区域经济增长中，特别是各市域的经济发展中，城乡居民储蓄存款余额是增加资本投入的主要来源，因此我们采用各地市的居民储蓄余额进行度量，又由于资本投入对经济增长的影响存在滞后效应，因此在本章的分析中，将选取每万元 GDP 的资本投入量（%）作为资本投入的代替指标，并对数据做标准化处理，来衡量资本投入对市域经济增长的影响。

劳动的衡量本应采用劳动时间，但是由于这个指标无法准确测量，因此大部分的研究都是采用劳动力人数进行衡量的，本章的分析中将采用每万元 GDP 的劳动力占有量（人/万元）来衡量劳动投入对市域经济增长的影响。

技术的度量包含很多因素。新经济增长理论曾指出，“影响经济增长的关键取决于该区域拥有人力资本的规模和质量，研究与开发的能力，技术进步是经济增长最主要的动力”（邹恒甫，2000），因此在本章的分析中，将选取人力资本作为代表技术的变量。关于如何核算人力资本，Barro 和 Lee（1993，1996，2001）做过较全面的比较分析，由于劳动力质量的提高主要靠教育，并且各专业技术人员也是人力资本的重要部分，因此本章选取每万人在校学生数和专业技术人员数的总和（人/万人）并对其取对数来衡量。

除了这三个因素以外，根据空间经济学的观点，“经济增长中生产要素的流动会促进经济活动的集聚，前向、后向关联效应使得企业倾向于将经济活动选择布置在市场规模大的区域内生产，因此较大的市场规模、较低的运输成本和信息交易成本费用，将有利于企业经济活动的集中”（Krugman、Venables，1995；Puga、Venables，1996）。因此在本章的分析中，还选择了市场规模、交通运输和通信信息这三个因素来衡量它们对经济增长的影响。

由于一个地区城市化程度高则其相应的市场规模会比较大，因此本章用城市化率，即非农业人口与人口总数之比（%）来衡量市场规模对经济增长的影响；交通运输和通信信息的度量，考虑数据获取的可能性，本章分别采用公路通车里程数（公里）和各市每万人拥有电话（移动、固定）户数（户/万人）来衡量。为了使数据结果更加有效，对这三个变量的数据做标准化处理后，将三个数据生成为一个数据，即现代化水平（MOD）。

4.2 基于 OLS 方法的中部省份区域经济增长回归分析

根据上一节说明的四个变量，考虑构建多元线性回归模型如下：

$$GRGDP = \beta_0 + \beta_1 PSCD + \beta_2 LAB + \beta_3 PHCAP + \beta_\$ MOD + \varepsilon \quad (4-1)$$

式中，*GRGDP* 为被解释变量，表示人均 GDP 年均增长率。解释变量包括：资本投入（*PSCD*）、劳动力（*LAB*）、人力资本（*PHCAP*）和现代化水平（*MOD*）。

在经济增长变量的选择上，一般有两种方法：一种是采用实际 GDP 或者实际人均 GDP 的自然对数代表其增长率（沈坤荣等，2001）；另一种是使用实际 GDP 或实际人均 GDP 的增长率，或者实际人均 GDP 的自然对数值差分值（林毅夫、刘明兴，2003）。为了和上一章分析所采用的指标一致，本章采取后一种方法。

对于模型（4－1）而言，采用最小二乘法（OLS）估计方法，得到的多元回归分析结果参见表4－1。由表4－1可以看出，模型误差的空间自相关系数*Moran's I*不高，检验结果不显著，而且*LM-Lag*和*LM-Error*也没有通过5%的显著性水平检验。

通过考察模型中的变量，可以发现当取5%的检验水平的时候，现代化水平没有通过显著性检验，当取1%的检验水平时，劳动力也没有通过显著性水平检验。此外，人力资本的显著性水平极高，证明人力资本储量的增加的确对中部省份经济增长有着积极的作用；城乡居民储蓄存款的估计参数高度显著，在一定程度上表明了市域经济发展所需的资本投资在很大程度上依赖于居民储蓄存款。

表4－1　中部地区经济增长回归模型的OLS估计

变量	系数	t值	p
C	-0.14192	-0.17197	0.8639
LAB	0.094392	2.058571	0.0427
PHCAP	0.330167	4.612307	0.0000
PSCD	0.45047	6.845168	0.0000
MOD	0.193151	1.892025	0.0620
R-squared	0.670082		
Adjusted R-squared	0.654182		
F	42.1444		
L	-52.2937		
AIC	114.5874		
Moran's I	0.0746		
LM-Error	2.4835	p	0.126332
LM-Lag	1.335	p	0.257488

根据逐步回归分析的要求，考虑将不显著的变量剔除，只留下资本投入和人力资本两个显著变量，并将这两个变量引入后续的空

间计量经济模型中进行分析。

4.3 中部省份区域经济增长的空间计量模型选择

在分析中，空间影响通常用一个空间权重矩阵表达，本章继续采用邻接标准生成空间权值矩阵。根据上一节的分析，确定资本投入（*PSCD*）、人力资本（*PHCAP*）为解释变量，再次采用 OLS 方法进行回归分析，估计结果见表 4-2。

表 4-2 中部地区经济增长回归模型的 OLS 估计结果

变量	参数	t 检验	P 值
C	1.160168	2.323433	0.0225
PSCD	0.576018	10.61931	0.0000
PHCAP	0.337602	4.589949	0.0000
R-squared	0.629822		
Adjusted R-squared	0.621112		
L	-57.35983		
F	72.30975		
AIC	120.71966		
LM-Error	8.1914	p	0.0034
LM-Lag	4.6527	p	0.0402

根据表 4-2 的结果，所有的估计系数都是强显著的，拟合优度几乎达到63%，模型整体上的显著性非常强，用来检验回归误差项中是否存在空间自相关的 *Moran's I* 统计量的值为 0.1355，对于正态分布而言，标准化之后的 *Moran's I* 统计量的值为 3.3933，明显通过1%的显著性检验，因此，我们可以发现上述的残差项中存在非常显著的空间自相关，可以考虑采用空间计量经济模型进行进一步分析。

然而，空间自相关系数 *Moran's I* 只能用来判断模型是否存在空间自相关性，无法判断到底哪一种空间回归模型更适合采用，因此需要通过计算 *LM-Error* 检验和 *LM-Lag* 检验来判断究竟应该选择哪一种空间计量模型进行分析。

如果在空间依赖性的检验中发现，*LM-Lag* 的值比 *LM-Error* 的值更大，即 *LM-Lag* 在统计上更加显著，那么我们可以断定采用空间滞后模型比较适合；反之，如果 *LM-Error* 的值比 *LM-Lag* 的值更大或在统计上更加显著，那我们可断定空间误差模型是更为恰当的模型（Anselin，2005）。

根据表 4 – 2 的结果，在该模型中，*LM-Error* 的检验值为 8.1914，*LM-Lag* 的检验值为 4.6527，都通过了显著性检验，但是相比而言 *LM-Error* 的值更大更显著，这表明其空间相关性可能是由于在 OLS 回归误差项中存在潜在的空间自相关，因此我们考虑采用空间滞后模型。

4.4 模型 ML 估计结果

4.4.1 最大似然估计（ML）概述

最大似然估计方法（ML）是进行横截面数据空间线性模型的参数估计时经常采用的方法之一。这主要是考虑到空间相关具有双向或多方向性质，不能将具有滞后因变量的模型或存在系列残差相关的模型的 OLS 估计特性直接移植到空间情形，尽管空间自回归模型中的空间相关与常见的时间序列方式相关在很多方面表现出相似性。

由于在计量经济学中，即使存在一个滞后的因变量，OLS 估计仍保持一致。但对于空间滞后模型而言，不管误差项的性质如何，参数的 OLS 估计将是有偏的、不一致的。由于可以认为空间误差模型是具有一个广义参数化的误差项方差矩阵的线性回归模型的特例，因此可以应用 OLS 和 GLS 的通常性质。但在空间情形中，空间相关具有双向或多方向性质，这限制了 GLS 方法的应用，不能导致一致性估计。

由于存在空间相关，基于一个独立观测随机样本的估计的通用框架不能用于空间自回归模型，因而必须考虑其他方法，将空间相关正式地合并到观测值的联合概率密度中。Ord（1975）首先提出了空间滞后和空间误差模型的最大似然估计，即借助所谓的雅可比行列式 J（Jacobian），可以将相关的随机变数转换成不相关的变数，从而可以导出一个新的联合分布。

（1）最大似然估计（ML）的一般形式

假定分析模型中的误差项 ε_i 或 u_i 是正态分布的，然后根据 y 的多元正态分布得出联合似然。若设 $A = I - \rho W_1$，$B = I - \lambda W_2$，可以将横截面数据的空间线性模型（式 2－8）表示为：

$$Ay = X\beta + \varepsilon$$
$$B\varepsilon = u \tag{4-2}$$

此外，由于误差协方差矩阵 $E[uu'] = \Omega$ 是对角线矩阵，存在同离中趋势的随机干扰项 v，且满足：$v = \Omega^{-1/2}/u$。通过代换，可以得到模型的非线性表示：

$$v = \Omega^{-1/2} B(Ay - X\beta) \tag{4-3}$$

尽管误差项 v 具有很好的联合分布，但它不能被观测，似然函数不得不基于因变量 y，因此有必要引进雅可比行列式 J，使得可以通过式（4－3）中的函数关系，导出因变量 y 的联合分布。随机变量向量 v 与随机变量向量 y 之间变换的雅可比行列式 J 为 $J = |(\partial v/\partial y)|$，使用式（4－3）表示为：

$$|\Omega^{-1/2} BA| = |\Omega^{-1/2}||B||A| \tag{4-4}$$

基于误差项 v 的联合标准正态分布，使用式（4－3）、（4－4），可以获得观测值 y 的联合向量的对数似然函数为：

$$\ln L = -(n/2)\ln(2\pi) - (n/2)\ln|\Omega| + \ln|A| + \ln|B| - (1/2)v'v \tag{4-5}$$

式中：$v'v = (Ay - X\beta)'B'\Omega^{-1}B(Ay - X\beta)$ 是相应的变换误差项的平方和。与经典回归模型所保持的不一样，空间回归模型的联合对数似然不等于与单独观测值相关的对数似然之和。在进行估计时，有必要保证 J 满足下列一般条件（Anselin，1988）：

$$\begin{gathered} |\Omega^{-1/2}BA| > 0 \\ |I - \rho W_1| > 0 \\ |I - \lambda W_2| > 0 \\ h_i(za) > 0, \forall i \end{gathered} \tag{4-6}$$

在最大似然估计中遇到的主要问题是必须为一个非线性优化过程中的每个迭代估计雅可比行列式。Ord（1975）提出了空间自回归模型 ML 估计的最初解决方法，表明了如何借助空间权重矩阵 W 的特征值 ω_i 对雅可比行列式 J 进行分解，表示为：

$$J = |I - \rho W| = \prod_{i=1}^{n}(1 - \rho\omega_i),$$

其对数形式为：

$$\ln|I - \rho W| = \sum_{i=1}^{n}\ln(1 - \rho\omega_i) \tag{4-7}$$

式中：ω_i 为权重矩阵 W 的第 i 个特征值。

（2）空间滞后模型的 ML 估计

对于空间滞后模型（式 2－10）而言，推断是基于一个估计的渐进方差矩阵，可以获得空间滞后模型的对数似然（Anselin，1988），其形式为：

$$L = -(n/2)\ln(2\pi) - (n/2)\ln\sigma^2 + \ln|I - \rho W| - (1/2\sigma^2)(Ay - X\beta)'(Ay - X\beta) \tag{4-8}$$

上式最后一项的极小化与 OLS 相对应，但由于 OLS 忽略了对数雅可比项 $\ln|I-\rho W|$，因此在这个模型中 OLS 不是一致性的估计量。与空间误差模型一样，没有满意的两步过程，必须从似然函数的显式最大化中获得参数的估计量，必须使用一个合适的非线性优化程序来估计使对数似然最大化的空间参数 ρ。具体的步骤与处理，请参阅文献陈斐（2008），在此不再赘述。

（3）空间误差模型的 ML 估计

在经验分析中，通常使用 SEM 误差模型，而不太使用空间移动平均模型（SMA 模型）（Anselin，1988；Sneek 等，1999）。对于 SEM 误差模型（式 2－13）而言，如果知道自回归系数 λ，可以借助广义最小二乘（GLS）来估计模型的回归系数。形式上，SEM 误差模型也可以表达为：

$$(I-\lambda W)y=(I-\lambda W)X\beta+u \tag{4-9}$$

如果设 $y^{*}=y-\lambda Wy$，$X^{*}=X-\lambda WX$，由于 u 是一个接近正态分布的误差项（well-behaved error term），上式表示一个空间过滤因变量 y^{*} 对一组空间过滤解释变量 X^{*} 的标准回归，当 λ 满足一定的条件时，残差平方和最小。然而，通常情况下自回归系数 λ 是未知的，必须与其他参数一起估计，因此不能应用 GLS 方法。然而与时间序列情形不同的是，不能从 OLS 残差中获得 λ 的一致性估计量，因此不能应用标准的两步 FGLS 方法，而必须从一个集中似然函数的显式最大化中获得 λ 的估计量（Miron，1984；Anselin，1988；Anselin and Bera，1998）。同样，必须使用一个合适的非线性优化程序来估计使对数似然最大化的空间自回归参数 λ，具体的步骤与处理，请参阅文献陈斐（2008），在此不再赘述。

当根据 ML 估计空间回归模型时，空间自回归系数的推论可能是基于 Wald 检验或渐进的 t－检验，或基于似然比（LR）检验（Anselin，1988；Anselin and Bera，1998）。这两种方法都要求选择的模型可以被估计。相反，基于拉格朗日乘子（LM）或 Rao Score（RS）的一系列检验统计量仅要求零假设条件下的模型的估计。LM/RS 检验也考虑到了空间误差模型和空间滞后模型之间的区别。

4.4.2 空间误差模型的 ML 估计结果

在这一节，将讨论空间误差模型的估计结果，并和经典的 OSL 估计结果进行比较，看模型的整体效果是否有所改善，同时检验模型中各变量的显著性。空间误差模型的估计结果如表 4－3 所示：

表 4－3 空间误差模型的 ML 估计结果

变量	参数	t 估计量	p 值
C	1.1918	0.569	0.571
lnPSCD	0.6082	12.129	0.000
lnPHCAP	0.3082	6.768	0.000
λ	0.0591	4.687	0.000
R-squared	0.789		
Adjusted R-squared	0.784		
L	－13.5794		
LR	4.2021		
AIC	33.1588		

由于 λ 的一次优化不能获得所有参数的 ML 估计，因此在进行 ML 估计时，借助简单的分半搜索程序来实现最初的两次迭代，将空间参数的 OLS 估计和 *Moran's I* 系数设置为迭代的空间参数 λ 的初始值，之后的迭代将采用最速下降法来完成。这两种方法的具体说明或讨论，请参考文献陈斐（2008）。

表 4－4 列出了在使用 EGLS 迭代过程中使用的空间参数的结果，以及每次与之相对应的方差的值，这些结果表示模型的整体拟合是在不断完善的。

表 4 - 4 空间参数 λ 的 ML 估计的迭代结果

迭代	空间参数	方差	迭代	空间参数	方差
1	0. 05204	0. 2046914	4	0. 059106	0. 2038994
2	0. 05812	0. 2040004	5	0. 059125	0. 2038975
3	0. 05898	0. 2039121	6	0. 059128	0. 2038972

对比表 4 - 2 和表 4 - 3 我们可以看到，拟合优度由原来的 63. 0% 增加到 78. 9%，可见回归模型的解释程度更大。根据 t - 检验的结果，除常数项的估计系数外，其他的估计系数都通过了 1% 的显著性检验，表现出了很强的显著性。Wald - 检验的计算结果为 22. 5621，清楚地表明空间参数 λ 具有强显著性，同时空间参数的似然比检验 *LR* 结果为 4. 2021，也通过了 5% 的显著性检验。

通过分析我们可以看到，在原有的分析模型中引入误差项空间回归结构后，模型的整体拟合度得到了很大改善，*log-likelihood* 值明显提高，*AIC* 值也由原来的 120. 71966 减少为 33. 1588，这表明本章在中部省份各地市经济增长分析中，引入空间误差回归结构是合适的，使其和原来的 OLS 模型相比有了明显改善，这符合预期。

4. 4. 3 空间滞后模型的 ML 估计结果

表 4 - 5 列出了包含一个空间滞后变量 W_ GRGDP 的空间滞后模型的估计结果。

表 4 - 5 空间滞后模型的估计结果

变量	OLS 估计	ML 估计	t - 检验
C	1. 163	- 3. 14767	3. 021463
PHCAP	0. 225	0. 01554	4. 305654
PSCD	0. 467	0. 471317	7. 832384
W_ GRGDP	0. 468	0. 34709	7. 686988

续表

变量	OLS 估计	ML 估计	t - 检验
R-squared	0.782689		
Adjusted R-squared	0.774928		
F	100.8479		
L	-33.923		
AIC	73.84598		

ρ 的初始上界取 OLS 值 0.468，初始下界取 *Moran's I* 系数 0.1355，ρ 的初始值即为它们的中点 0.30175，采用分半搜索执行迭代过程，直到估计的最后两个 ρ 值之差满足收敛标准，则最后那个值就是空间自回归参数 ρ 的 ML 估计。表 4-6 中列出了迭代过程中的每一个 ρ 值及其对应的偏导数值。ρ 的 ML 估计为 0.3471278。

表 4-6　空间自相关系数的分半搜索

迭代	ρ	偏导数	迭代	ρ	偏导数
1	0.301700	-449.496900	10	0.346848	-6.784021
2	0.384850	196.714470	11	0.347010	-2.319405
3	0.343275	-178.509200	12	0.347092	-0.141775
4	0.364063	316.412400	13	0.347132	0.933878
5	0.353669	115.294340	14	0.347112	0.397134
6	0.348472	32.314520	15	0.347102	0.127951
7	0.345874	-37.215820	16	0.347097	-0.006180
8	0.347173	2.000943	17	0.347099	0.061567
9	0.346523	-16.185000	18	0.347099	-0.003891

对比表 4-2 和表 4-5 可以发现，回归模型解释的总变差由原来的 63.0% 增加到 78.3%，根据 t 检验，所有的估计系数都是显著的。对于 ρ 而言，Wald - 检验值为 t - 检验值的平方，因此 Wald - 检验值为 59.1313，基于表 4-5 中的 *L* 值和表 4-2 中 OLS 估计的对

数似然值，我们可以计算出 ρ 的 LR 为 46.87166，明显也是强显著性的。此外必须考虑在引入一个空间滞后项后，是否仍然存在空间误差自相关，根据拉格朗日乘子原理，可以计算出 LM 为 0.0281，很明显它是不显著的，这说明经过空间滞后回归分析后，残差已经没有空间依赖性了，上述设定的模型得出的结论是比较可靠的。

根据以上分析可以看到，在多元回归模型中纳入空间相关性后，空间分析模型的整体显著性比之前的 OLS 模型有了较为明显的提高，这种结果改善了模型对经济现象的解释力和说服力，较为有效地解释了空间因素对中部省份区域经济增长的影响。空间计量模型的分析结果表明中部省份区域经济增长的集聚，不但和人力资本及资本投入有关，也对邻近城市的经济增长具有一定的空间依赖性，将空间因素考虑进来，可以提高解释变量对经济增长的解释能力。

第五章　中国区域经济增长收敛性动态变化及地区比较

就区域收入差距的研究而言，研究者采用的分析方法涉及基尼系数、区域人均收入差距比、区域人均 GDP 差距比等总体性和一般性指标方法，也涉及综合反映区域差距的 Theil 系数的使用，同时认为区域经济增长收敛性研究为区域经济差距变化的分析及其综合解释提供了一条有效途径。

本章将首先基于 Theil 系数及其分解，对中国的区域经济差距进行实证分析，然后对中国区域经济增长收敛性动态变化与地区比较进行综合的分析与说明，并提出对区域经济差距进行调控的启示。

5.1　中国区域经济增长收敛性研究简述

区域经济差距在经济体制改革时期是在所难免的，加之国家给予沿海地区优惠的改革开放经济政策，使其发展非常迅速，增大了沿海地区与内地的差距。区域经济差异问题不仅是经济问题，而且是社会问题。进入 21 世纪以来，国家开始倾向于解决区域公平问题，提出科学发展观，统筹区域、城乡发展，实施区域协调发展战略，促进落后地区加快发展，协调区域经济的发展；先后实施了西部大开发、促进中部崛起、振兴东北老工业基地等战略，加强区域经济结构的合理性，促进区域协调发展。2010 年我国提出“实现包容性增长，切实解决经济发展中出现的社会问题”；关注缩小贫富差距；促进效率、增加公平，逐步缩小区域差距，使国民经济又好又快发展。

就区域收入差距的研究而言，研究者采用的分析方法涉及基尼系数、区域人均收入差距比、区域人均 GDP 差距比等总体性和一般性指标方法，也涉及综合反映区域差距的 Theil 系数的使用，同时认为区域经济增长收敛性研究为区域经济差距变化的分析及其综合解释提供了一条有效途径。

自 20 世纪 90 年代中期以来，国内关于区域经济增长收敛性的研究逐渐增多。魏后凯（1997）作为较早研究这一问题的学者之一，采用 Barro 模型对中国 1978 ~ 1995 年的区域经济收敛情况做了研究。他认为中国地区间经济的 σ 收敛具有阶段性：1978 ~ 1990 年的区域经济增长存在 σ 收敛格局，1990 年以后不存在 σ 收敛。蔡昉和都阳（2000）也采用 Barro 分析方法，通过一系列控制变量证明中国 1978 ~ 1998 年省级之间不存在绝对收敛，而存在条件收敛；他们认为人力资本、资本投入、开放程度和政府改革政策等调控措施是解释经济收敛情况的重要因素。林毅夫和刘明兴（2003）得到一个相似的结论，即经济增长的阶段性收敛与中国改革开放政策的推进在时间和空间上相关。值得强调的是，在 20 世纪 80 年代后期，中国的经济改革开始从微观操作机制转向宏观政策环境。

胡鞍钢和邹平（2000），罗仁福和李小建等（2002）考察了人均 GDP 增长率与初始人均 GDP 的负相关关系，他们认为自改革开放以来，中国经济不存在 β 绝对收敛，而存在 β 条件收敛，但是由于他们采取的研究方法不同，模型控制变量也有差异，因此得到的收敛速度不同。刘强（2001）的研究表明区域经济增长的收敛效应在国家水平上很弱，而在某些地区层面在不断增强：从东、中、西层面分别来看，在不同的时间段，收敛效应一直存在。沈坤荣和马俊（2002）的研究表明，改革开放以来，东、中、西三大区域内的经济增长存在收敛，而且三大地区间的差距不但没有缩小反而不断扩大。根据覃成林（2004）和徐现祥、舒元（2005）的研究，经济增长的收敛变化存在阶段性波动，中国 1978 ~ 1990 年存在区域经济增长的 σ 收敛，但 1990 年以后不存在这种 σ 收敛。随着空间计量经济学在新古典经济增长模型上的应用，吴玉鸣（2006）采用考虑了空间自相关的空间误差模型研究了省域经济增长的 β 收敛过程；林光平、龙志与吴梅（2006）采用空间滞后模型研究了省级经济增长 σ 收敛，认为在初始模型中考虑空间权重矩阵 W 和空间自相关后，区域经济增长的收敛显著性加强，表明空间结构对区域经济收敛的作用不可忽视，并得出中国区域经济增长收敛存在波动性变化的结论。

因此，在本章分析中，主要从我国区域总体差距的分析入手，分析我国区域经济增长是否存在 σ - 收敛与 β - 收敛。考虑到分析的需要，对于 β - 收敛性检验只涉及 β - 绝对收敛，而不对是否存在 β - 条件收敛进行分析。对于政府来说，通过一系列政策手段，创造有利于欠发达地区以更快的速度实现经济增长的条件，可使欠发达地区达到与发达地区接近的稳态水平，通过 β - 收敛最终达到 σ - 收敛，实现缩小地区经济差距的目标。

对中国区域进行划分的方法有很多种。自 2003 年以来，按综合功能划分的方法较为流行，该方法是将整个中国分为 4 个经济区域，包括东部，中部，东北和西部地区。随着区域经济协调发展的思想在区域经济发展政策分析方面越来越流行，出现了另一种典型的划分方法，这种方法将中国划分为 5 个地区，包括东部、中部、东北部、西南部和西北部。本章的区域划分与本书前面章节所述的区域划分保持一致。

5.2　中国区域经济差距的实证分析
——基于 Theil 系数及其分解

5.2.1　Theil 系数

本节的研究，应用了集中指数 Theil 系数来分析中国区域经济收敛过程中可能存在的发散情况，也运用 Rey（2004）的方法为描述性分析给出了解释框架。由于 Theil 系数与区域划分的数量无关，从而容易比较不同区域系统的差异性，因此普遍用于分析空间布局（Theil，1967）。Theil 系数表示全国省级区域之间的总体差距，显然 $T \in [0, \log n]$，T 值越大则一个区域系统内总体差距越大。

Theil 系数是可分解的经济不平等的度量指标之一。Rey（2004）提供了一个正式的解释框架来分析收敛过程的发散情况。Theil 系数的形式如下：

$$T = \sum_{i=1}^{n} y_i \log \frac{y_i}{p_i} \tag{5-1}$$

$$T = T_B + T_W \quad T_B = \sum_r y_r \log \frac{y_r}{p_r} \quad T_W = \sum_r \frac{Y_r}{Y} T_{Wr} \tag{5-2}$$

$$T_{Wr} = \sum_r \frac{Y_r}{Y} \log \frac{y_{ir}/Y_r}{p_{ir}/P_r} \tag{5-3}$$

其中，T 表示总体不平等情况，y_i 和 p_i 分别表示样本单元 i 的国民收入和人口份额，Y_r 和 P_r 分别表示区域的国民收入和人口份额。T_W 表示区域内部的不平等，T_B 表示区域之间的不平等，y_{ir} 和 p_{ir} 分别表示区域 r 中样本单元 i 的收入和人口。

在空间背景下，区域内不平等度量同一区域内各样本单元之间的收入差距，而区域间不平等度量各个区域之间的收入差距。

5.2.2 计算结果分析

在本研究中，借鉴前述全国五大区域的划分情况，可以将全国总体 Theil 系数分解为五大区域内部差距 T_W 和五大区域之间差距 T_B。

图 5－1、图 5－2 分别说明了全国的 Theil 系数值变化及其分解情况。根据分解情况，可以计算出总体差距中区域内部差距的贡献率和区域之间差距的贡献率，见图 5－3。

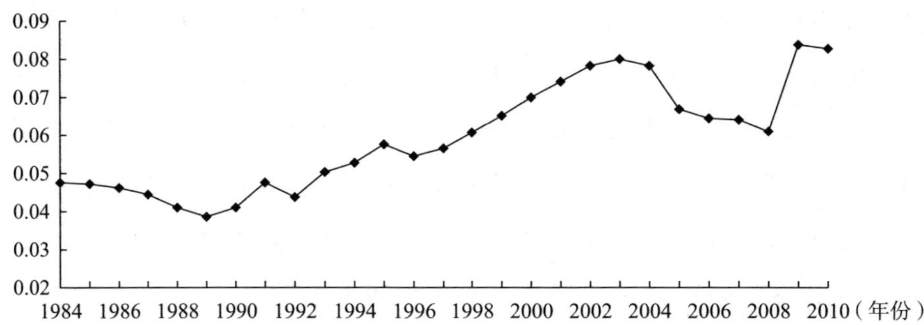

图 5－1　中国省级区域经济差距 Theil 系数变化：1984～2010 年

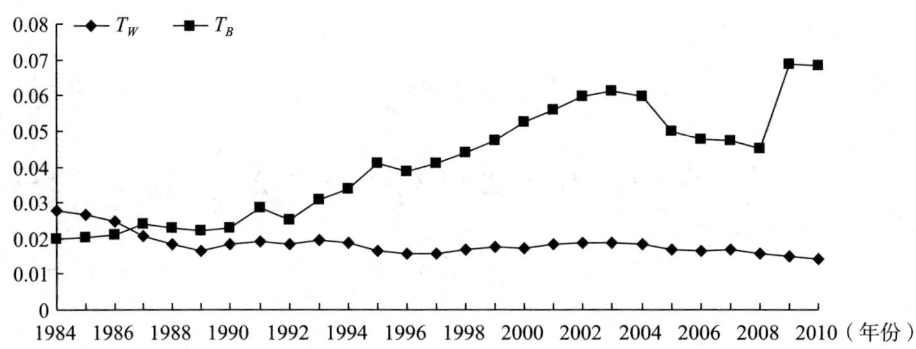

图 5－2　Theil 系数的分解 T_B 和 T_W 系数（基于五大区域划分）：1984～2010 年

图 5－2 显示 T_B和 T_W的变化情况，图 5－3 表示 T_B和 T_W分别对中国区域经济差距贡献率的分解情况。这个系数也基于中国五大区域划分进行计算。

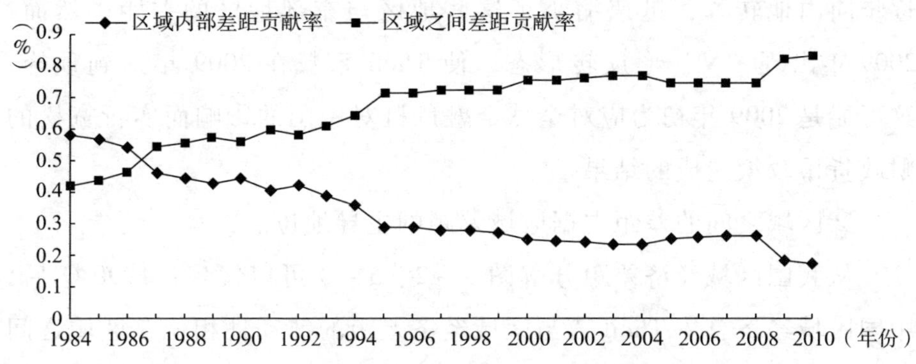

图 5－3　中国区域经济差距的贡献率分解（T_B 和 T_W 贡献率）：1984～2010 年

计算结果表明，我国区域经济差距的变化呈现出以下特征。

①全国区域经济差距整体上呈现出长期的扩大而近年有所缩小的趋势，且具有明显的阶段波动性。

如图 5－1 所示，省级层面的 Theil 系数在 1984～2010 年呈整体上升趋势，具有阶段性波动的特点。整体变化可以被分解为三个阶段：1984～1989 年有一个向下的趋势，1989～2003 年有一个向上的趋势，2003～2008 年有一个向下的趋势。其原因是，改革开放初期全国市场经济刚刚起步，经济发展较快，计划经济为主在一定程度上促进了差距的缩小。另外，农村联产承包责任制成功实施，全国农民积极性提高，使那些主要依靠农业的区域经济发展较快，表现为 20 世纪 90 年代初期之前全国的区域经济差距有缩小趋势。1992 年后随着全方位开放战略的实施，全国经济发展速度进一步加快，此时国家对沿海地区实行优惠政策，人力资本和物质资本积聚发展，导致东部沿海较内地发展快，全国发展差距呈扩大趋势。2000 年之后国家政府考虑到公平与效率的关系，为促进内地经济快速发展以缩小与沿海地区的差距，提出了西部大开发战略，之后又提出了促进中部崛起及振兴东北老工业基地等一系列战略，使内地加快发展，缩小了与东部地区的差距，特别是从 2008 年前后开始许多产业开始逐步向内地转移，迅速缩小了这些地区与东部地区的差距。然而，2009 年出现“V”形反转形态，使 Theil 系数在 2009 年达到顶峰，这可能是 2009 年初为应对全球金融危机对中国的影响而实行宽松的财政货币政策造成的结果。

②区域之间的差距占据区域差距的主导地位。

从我国区域经济差距分解图 5－2、5－3 可以发现：1990 年后，中国区域经济总体 Theil 值与区域经济差距的波动性相似，区域之间差距的贡献率（1997 年后都在 70% 以上）远大于区域内部差距的贡献率，说明我国区域经济差异主要是由区域之间的差异引起的。区域之间差距在 1984～2010 年总体上呈扩大趋势，区域内部差距则有降低趋势。所以要减少地区差距，必须要严格控制地区之间的差距。或者说，要控制地区收敛必须要控制区域之间的差距。

③中国区域经济差距主要由东部地区内部省际经济差距和五大区域之间的经济差距决定。

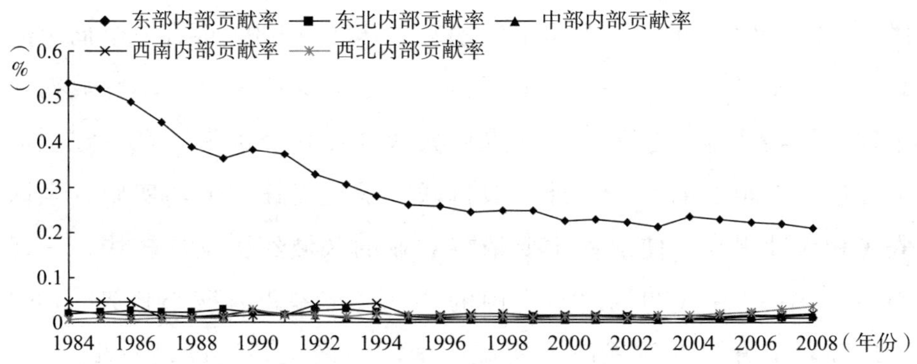

图 5－4　1984～2008 年五大区域各区域内部差距贡献率的变化

地区内部差距分解为东、东北、中、西南、西北五大区域内部差距，全国总体差距就分解为东、东北、中、西南、西北五大区域内部差距及五大区域之间差距六者之和。根据各区域内部差距贡献率图 5－4 及区域间差距贡献率图 5－3，可以看出东部地区内部差距占据了区域内部差距的主导地位，其他地区微不足道，因此我国区域差距主要由东部地区内部省际差距和五大区域之间差距决定。

基于 Theil 系数的计算，考虑建立一个试验性的回归方程来支持如下事实，即 1984 年以来中国经济增长的区域间不平等变得越来越严重。方程中时间趋势的系数为正，这意味着随着中国经济快速发展，各省之间的经济差距在扩大。几乎没有迹象表明在过去 20 年这种差距缩小过。

$$T = 0.034867 + 0.001782^{*} @TREND + 0.632041^{*} AR(1) \quad (5-4)$$

$$(4.895^{**}) \quad (4.299^{**}) \qquad (4.0786^{**})$$

其中 T 表示 Theil 系数，@*TREND* 是时间趋势项，*AR*（1）表示一阶自回归。

对于方程（5－4）而言，$R^2 = 0.856$，$Ad - R^2 = 0.835$，表明模型拟合得较好，$DW = 1.838$，说明模型不存在序列相关性，$F = 68.395$，$P(F) = 0$，表明模型变量整体显著，*inverted AR roots* = 0.63，该值小于 1，说明模型是平稳的，括号中的值为各变量的 T 检验值，** 表明变量在 5% 的程度下显著。方程（5－4）中的时间序列系数为正，意味着中国总体经济差距自 1984 年以来不断扩大。

5.3　中国区域经济增长收敛性的动态变化与地区比较

5.3.1　中国区域经济增长收敛性的变化及解释

本部分将基于五大区域的划分方法，首先从省级和地市级层面检验我国区域经济增长的绝对 σ 收敛、绝对和条件 β 收敛，然后分析不同区域的收敛变化情况，来说明中国过去 20 年间区域经济增长的整体收敛情况，从 1984～2010 年省级层面和 1995～2010 年地市级层面来讨论中国区域经济增长的收敛变化过程，最后探索建立合适的模型，从省级层面考察我国1990～2010年的区域经济增长是否存在条件β收敛。

5.3.1.1 数据来源与说明

本研究的省级单元层面数据来自中国统计年鉴和各省级统计年鉴。选择的样本省份共31个，包括除了香港、澳门和台湾地区的其他省份。选择的时间段为1984～2010年。本研究的地级单元层面数据均来源于历年各省统计年鉴。由于全国所有地级数据收集的客观困难，在本文中的时间段为1995～2010年。此外，部分地级（州、市、盟）人均GDP数据，通过*GDP*/人口得到，或用移动平均补齐数据（如安徽1995年前）。所有数据经过价格因素处理，增强可比性。行政区划变动时，尤其是2000年前西南的四川、广西等地市拆合较多，数据处理时主要根据当年的行政区域通过σ－收敛指数方程计算每一年的σ_t，尽管每年的行政区域不一样。另外西藏缺少1995～1998年地级数据，1995～1998年去掉西藏各地市，直接用西藏区数据代替，2000～2010年则采用地级数据。

出于数据分析的需要，选取了中国省级和地市级层面1984～2010时段的人均GDP数据。为了探究中国区域经济增长的收敛动态过程，消除价格因素的影响也是必不可少的。同时，处于模型需要的分析，一些重要的影响人均GDP增长的因素应该被考虑进来，本节选取了8个控制变量来说明中国省级层面1990～2010年经济增长条件β收敛的变化情况。

这些选取的控制变量包括：

①政府因素表现为政府行为，政府行为表现在财政支出及政府消费上，体现出政府的政策与制度。政府行为＝政府支出/*GDP*，用*BG*标记。

②人力资本因素既含有初始人力资本，还包括后期人力资本投

入。区域内劳动者的素质是直接影响所在区域生产率高低的重要因素。人力资本用平均每位教师负担学生数来表示，标记为 *HC*。

③物质资本投入因素是影响经济增长的主要因素。投资率 = 总投资/*GDP*，标记为 *IR*。

④物质投入和积累还与投资效益系数有关，投资效率 = Δ*GDP*/总投资，标记为 *EI*。

⑤人口增长因素是制约经济发展的因素之一，特别影响人均 GDP。人口增长率，标记为 *GRP*。

⑥随着市场经济发展，开放程度越高，经济发展越迅速。对外贸易依存度 = 进出口总额/*GDP*，标记为 *RDFT*。

⑦工业是一个地区经济发展的主动力，工业化水平 = 第二产业产值/*GDP*，标记为 *IL*。

⑧区位。沿海省份的值为 1，内陆省份为 0，标记为 *L*。

5.3.1.2 中国区域经济增长的 σ 收敛性变化与地区比较

本章基于五大区域的划分方法，首先从省级和地市级层面检验我国区域经济增长的绝对 σ 收敛、绝对和条件 β 收敛，然后分析不同区域的收敛变化情况，来说明中国过去 20 年间区域经济增长的整体收敛情况。

根据现有的研究结果，研究者们认为经济收敛的波动性变化与中国整体经济发展一致，与中国经济体制改革和相关政策有关。农村承包责任制的实施有效地缩小了发展中农业省份和发达省份之间的经济差距，从而减少了 20 世纪 80 年代的总体经济差距。1992 年东部沿海地区的发展步伐加快，使整体经济差距又拉大了。但是 21 世纪初随着西部大开发战略和区域合作政策的实施，2003 ~ 2008 年全国经济差距有显著的缩小，这一情况在图 5 - 1 的 Theil 系数变化中可以看出。

为了识别区域经济增长的动态收敛过程，去除价格因素的影响是必不可少的。通过使用调整过的省级人均 GDP 数据，我们计算并分析了中国 1984～2010 年区域经济增长的 σ 收敛变化情况。

图 5－5 显示了中国省级层面区域经济增长的 σ 收敛变化。有证据表明 σ 收敛存在波动性变化，但在 1984～2010 年几乎不存在倒"U"形趋势。在一定程度上，除了 2008～2010 年的明显不同外，σ 值的波动变化趋势与之前所分析的 Theil 系数的变化趋势相似。σ 值的整体变化可以被分解为三个时间段，分别是 1984～1990 年、1990～2003 年和 2003～2010 年。σ 值显示在 1984～1990 年和 2003～2010 年存在区域经济增长的收敛趋势，在 1990～2003 年存在发散趋势。

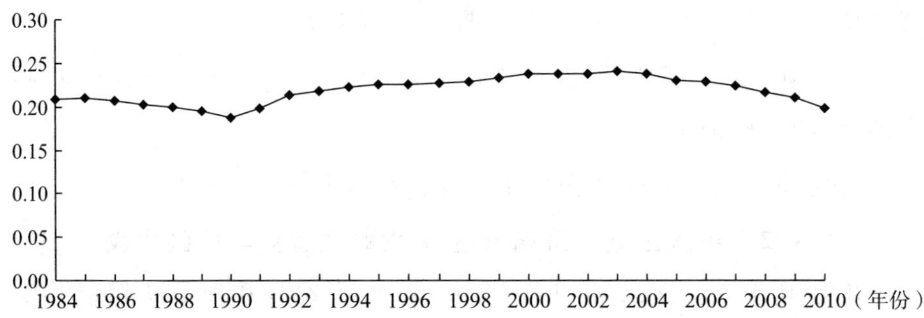

图 5－5　中国省级层面区域经济增长 σ 收敛变化：1984～2010 年

根据计算的 σ 值，我们建立了一个回归方程（方程 5－5）来描述中国 1984～2010 年时间段 σ 收敛变化的整体情况。尽管方程通过了 t 检验和 F 检验，但是方程的拟合程度很低，而且存在序列相关性。时间趋势项系数为正，表明 σ 值有一个上升的趋势，因此在 1984～2010 年中国整体上不存在 σ 收敛。

$$\sigma = 0.204899 + 0.000969 \times @TREND(1983) + \mu \qquad (5-5)$$
$$(38.474^{**}) \qquad (2.914^{**})$$

其中 σ 是计算的 σ 值，$@TREND$（1983）是时间趋势。对于方程（5－5），$R^2 = 0.254$，$Ad - R^2 = 0.225$，$DW = 0.209$，$F = 8.494$，P（$F\text{-}stat$）$= 0$。

σ 收敛检验结果表明中国区域经济在省级层面总体存在发散的情况。但是现实中这些结果并不理想。为了弥补这个缺陷，有必要从地市级层面来分析中国区域经济增长的 σ 收敛，并分别从五大区域来说明 σ 收敛的变化情况。由于在收集数据方面存在一些困难，这里选取的时间段是 1984 ~ 2008 年。

图 5 – 6 反映了 1984 ~ 2008 年五大区域的 σ – 收敛指数的动态变化情况。根据图 5 – 6 可以发现，各大区域内部的 σ – 收敛变化情况存在明显的不同。东部地区各省之间的差距尽管也有波动，但整体具有下降趋势，说明东部地区具有 σ – 收敛性，内部差距减少。东北地区整体下降，存在 σ – 收敛性。中部地区 σ – 收敛指数的动态变化情况呈 “U” 形，1999 年时处于谷底，该地区先经历下降后又逐步上升，表明该地区经济在 1999 年前呈 σ – 收敛，1999 年后呈 σ – 发散。从近几年来看中部地区，各地经济发展速度不一致，导致内部差距越来越大。西南地区在 1996 ~ 2004 年 σ – 收敛指数较为平稳，σ – 收敛不存在，内部差距变化不大，2004 年后呈收敛状态，差距有减少趋势。西北地区总体上是上升，表明该地区在 1984 ~ 2008 年不存在 σ – 收敛，内部差距越来越大。从 σ – 收敛的特征来看，东部地区、东北地区整体上具备 σ – 收敛，其他地区呈发散趋势。

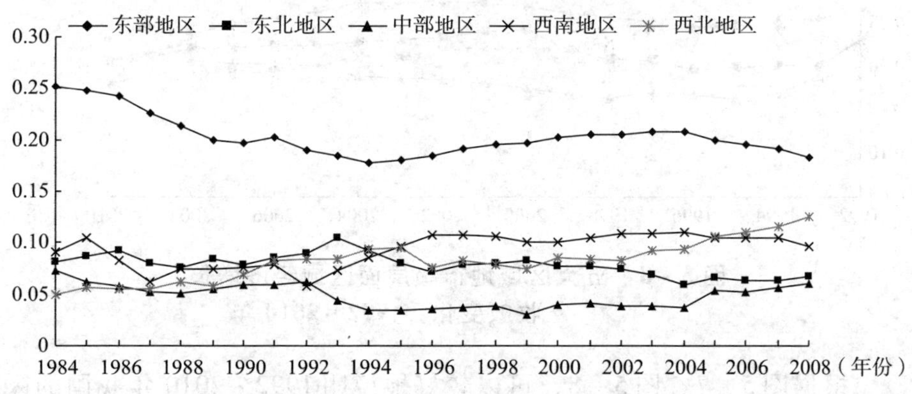

图 5 – 6　1984 ~ 2008 年各大区域内省域经济增长的 σ – 收敛指数动态变化情况

图 5－7 显示了中国地市级层面区域经济增长的 σ 收敛性变化情况。地市级层面的 σ 收敛变化趋势和省级层面的相似，且更加明显。根据图 5－7，变化可以被分为两个时间段，一个是 1995～2003 年，另一个是 2003～2010 年。在 1995～2003 年时段，区域经济增长有一个发散趋势，而在 2003～2010 年时段有一个清晰的收敛趋势。

更进一步，分别计算出五大区域地市层面区域经济增长的 σ 收敛，结果将有助于我们识别各区域的 σ 收敛变化情况，比较各区域之间在趋势上的不同。参见图 5－8。

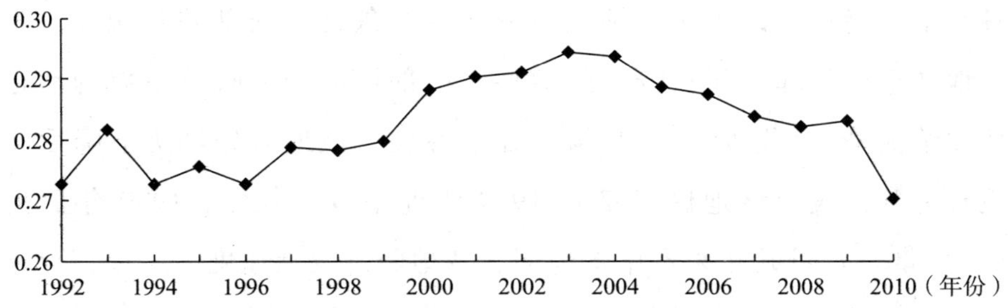

图 5－7　中国地市级层面区域经济增长 σ 收敛变化：1992～2010 年

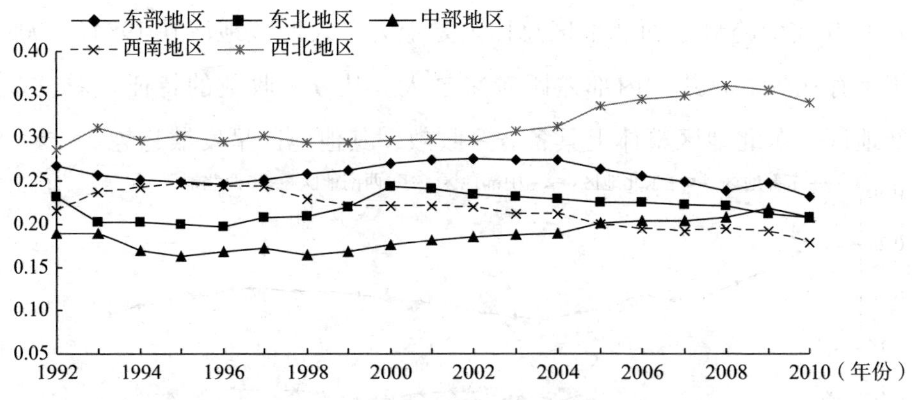

图 5－8　五大区域地市级层面区域经济增长 σ 收敛变化：1992～2010 年

根据图 5－7、图 5－8，可以较好地说明 1992～2010 年我国的区域经济增长是否存在 σ－收敛情形。

①σ - 收敛指数同样具有显著的阶段性波动特征。

总体而言，1992～2003 年，全国的 σ - 收敛指数基本保持持续上升的态势，2003 年后呈现出下降。表明 1992～2003 年间，全国区域经济差距扩大，经济增长呈发散形势。2003 年后，全国经济差距逐渐缩小，经济增长具有 σ - 收敛性。

②各大区域内部的 σ - 收敛情况变化存在明显的不同，东部地区、东北地区、西南地区三大区域内的经济增长基本形成了 σ - 收敛的态势，而中部地区、西北地区两大区域内的经济增长则呈现出发散态势。

在东部地区，σ 值显示出整体上的波动性变化，其中自 2002 年起有一个下降趋势，表明 2002 起开始 σ 收敛过程。

在东北地区，σ 值 1992～1996 年下降，1996～2000 年上升，然后从 2000 年开始一直下降，这意味着自 2000 年开始出现 σ 收敛。

在中部地区，除了 1995～1998 这一时间段外，σ 值显示 1998～2009 年为上升趋势，这表明自 1998 开始有一个发散趋势。

在西南地区，1995～2010 时段有一个下降趋势，这意味从 1995 起区域经济增长有一个 σ 收敛过程。

在西北地区，σ 值可以被分为两段。在 1992～2002 年没有显著的变化，在 2005～2008 年有一个上升趋势，这表明区域经济增长的发散趋势可能发生，西北地区经济增长的不平等性增大。

5.3.1.3　中国区域经济增长绝对 β 收敛的变化

根据模型（2-26）和（2-27），横截面数据分析方法已经被应用到绝对 β 收敛变化分析中。表 5-1 显示了中国省级层面的绝对 β 收敛检测的结果。初始变量是 $\ln Y_{i,t}$。

考虑到中国经济增长的阶段性和对绝对 β 收敛变化检测的需要，将整个时间段分为 3 个阶段，分别是 1984～1990 年、1990～2000 年和 2000～2010 年。根据表 5-1，可以从整个时间段和各个分时间段对中国省级层面的绝对 β 收敛变化进行说明和解释。

表 5－1 中国绝对 β 收敛模型检验结果：1984～2010 年

时间段	1984～1990 年	1990～2000 年	2000～2010 年	1984～2010 年
截距项	0.090816***	－0.03657**	0.093066***	0.047299***
t 值	4.758099	－1.96709	5.063682	4.712334
$\ln Y_{i,t}$	－0.022308***	0.021798***	－0.023211***	－0.008323**
t 值	－3.109641	3.340248	－3.921465	－2.206114
R^2	0.250062	0.277839	0.346521	0.143708
$Ad-R^2$	0.224202	0.252937	0.323988	0.11418
DW	1.691171	0.89975	2.435751	1.774163
F	9.669869***	11.15726***	15.37789***	4.866939**
收敛速度	0.023949144	－0.019719375	0.026410879	0.009375173
判断	收敛	发散	收敛	弱收敛

注：* 表示显著性为 10%，** 表示显著性为 5%，*** 表示显著性为 1%。Eviews 通过 White 检验来发现是否存在异方差，通过 DW、相关图和 Q 统计量发现是否存在序列相关。若 P＜5%，拒绝原假设（同方差或无序列相关），认为存在异方差或序列相关。其中 1990～2000 年，通过检验有序列相关，修正结果如表中所示。以下表格类似，不再说明。

根据表 5－1 中的回归模型结果，很容易识别在不同时间段出现收敛还是发散情况。在 1984～2010 时间段，$\ln Y_{i,t}$ 的系数为负，意味着这段时间内中国区域经济增长存在绝对 β 收敛，总体上表现出弱收敛的态势。虽然收敛速度很低，每年只有 0.94%，但是这表明了省际差距正在减少。分阶段结果表明，在 1984～1990 年和 2000～2010 年呈现出 β－绝对收敛态势，收敛速度分别约为 2.39%、2.64%；而 1990～2000 年呈现出发散态势，发散速度为 1.97%。这与 Theil 系数分析及 σ－收敛检验所表现出来的结论大致相同。更进一步，有必要意识到这些结果是在一个不精确的模型基础上获得的。$\ln Y_{i,t}$ 的 t 检验没有通过，F 检验和 $Ad-R^2$ 也不是很好。所以一个简单的线性回归模型不适合用来解释绝对 β 收敛的变化情况。

除了标准的回归分析外，考虑到数据结构是横截面的，有必要对空间自相关效应进行检验。借助 Geoda 软件的使用，可以方便地得到空间自相关检验的结果，具体见表 5－2。对于前面论述中考虑到的四个阶段而言，只有 1990～2000 年阶段的计算结果说明空间自相关存在，且 *Moran's I* 在 5% 水平上是显著的。这意味着中国区域经济增长在 1990～2000 年阶段具有显著的空间相关性。另外三个阶段的计算结果表明，在这三个阶段上中国区域经济增长不存在显著性的空间自相关。此外，对 1990～2000 年阶段而言，拉格朗日乘数表明在处理自相关方面，空间滞后模型和空间误差模型是合适的。因此，将设置这两个模型。

表 5－2　绝对 β－收敛模型的空间自相关检验

阶段	1984～1990 年	1990～2000 年	2000～2010 年	1984～2010 年
Moran's I	0.116	0.174**	0.047	0.008
P-value	0.184	0.044	0.386	0.709
Lagrange Multiplier（*lag*）	0.430	0.407	0.590	0.839
Robust LM（*lag*）	0.862	0.048	0.692	0.846
Lagrange Multiplier（*error*）	0.346	0.156	0.705	0.950
Robust LM（*error*）	0.586	0.022	0.920	0.983

注：** 显著性为 5%。

对于 1990～2000 阶段而言，考虑到空间自相关的影响，绝对 β 收敛的结果见表 5－3。根据表 5－3，可以看出，不管是空间滞后模型情形还是空间误差模型情形，$\ln Y_{i,t}$ 的系数都是显著为正，这与标准回归分析的结果是一致的。这也表明在 1990～2000 阶段，中国区域经济增长存在发散趋势。然而，不管是空间滞后变量的系数还是空间误差项的系数均是不显著的。似然比检验也表明对绝对 β 收敛模型进行空间计量分析可能是不合适的。

表 5-3 绝对 β 收敛模型的空间计量经济分析结果

阶段	1990~2000	
模型	空间滞后模型	空间误差模型
截距项	-0.030	-0.021
z 值	-1.609	-1.039
$\ln Y_{i,t}$	0.023***	0.019***
z 值	3.628	2.776
W_Y	-0.111	—
z 值	-0.745	—
LAMBDA	—	0.329
z 值	—	1.492
R^2	0.294	0.337
Log likelihood	112.020	112.636
Likelihood Ratio Test	0.430	0.173
收敛速度	-0.021	-0.017
判断	发散	发散

注：*** 表示显著性为 1%。

根据 3 个分阶段的结果，我们也可以了解中国经济增长的绝对 β 收敛变化情况。表 5-1 中，1984~1990 阶段，$\ln Y_{i,t}$ 系数为负，收敛速度为 2.39%，t 检验和 F 检验均通过，但是模型拟合度不够好；1990~2000 阶段，$\ln Y_{i,t}$ 系数为正，说明这段时间经济增长为发散状态，发散速率为 1.97%，t 检验和 F 检验均通过，但是模型拟合度不够好，并且存在序列相关；2000~2010 阶段，$\ln Y_{i,t}$ 系数为负，收敛速度为 2.64%；t 检验和 F 检验均通过，但是模型拟合情况也不好。

图 5-9 是不同时期 $r_{i,t+T}$（垂直坐标轴）和 $\ln Y_{i,t}$（水平坐标轴）的散点图，其中 $r_{i,t+T}$ 是 i 省 t 到 $t+T$ 期间的人均 GDP 增长率，$\ln Y_{i,t}$ 是 $Y_{i,t}$ 的自然对数。图 5-9 有助于我们更直观地理解中国经济增长的绝对 β 收敛变化情况。图中标出了散点图的趋势以及模型拟合情

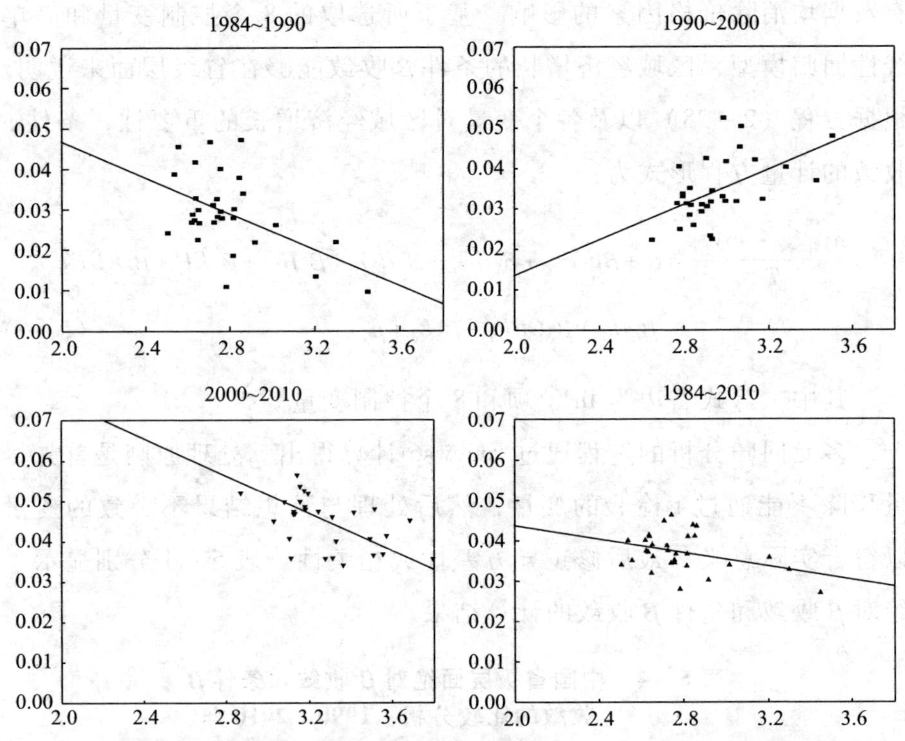

图 5-9　中国所有省份不同时间段的 $r_{i,t+T}$ 和 $\ln Y_{i,t}$ 的散点图

况。每个散点图中的直线是线性回归方程的拟合线，收敛或发散强度由斜率的大小决定，斜率越大，表明收敛或发散速度越高。

5.3.1.4　中国区域经济增长条件 β 收敛的变化

一个地区的人均收入增长率不仅依赖于人均收入的初始水平，而且受资源禀赋、产业结构、区域间人口流动性等因素的影响。区域经济增长绝对 β 收敛的检验结果显示，模型结果的解释能力在整体时间段内并不显著。因此本节考虑在原始模型中增加一些控制变量来分析 β 收敛。当在模型中考虑了控制变量以后，如果 $\ln Y_{i,t}$ 的回归系数显示为负，则意味着条件 β 收敛存在。这里将上文提到的 8 个控制变量加入初始模型中，通过回归来检验中国省级层面的区域经济增长是否存在条件 β 收敛。

考虑数据的可获得性，这里选取的时间段为 1990 ~ 2010 年，所有数据均消除价格因素的影响。基于所选取的8个控制变量和简单线性回归模型，区域经济增长的条件β收敛能够在省级层面来说明。根据方程（2－28）以及各个变量对区域经济增长的重要性，条件β收敛的计量方程形式为：

$$\frac{\ln y_{i,t+T}-\ln y_{i,t}}{T}=\alpha+\beta\ln Y_{i,t}+\beta_1 BG_i+\beta_2 HC_i+\beta_3 IR_i+\beta_4 EI_i+\beta_5 RDFT$$
$$+{}_i\beta_6 IL_i+\beta_7 GRP_i+\beta_8 L_i+\mu_i \qquad (5-6)$$

其中，等式右边为$\ln Y_{i,t}$项和8个控制变量。

多元回归分析的过程通过Eviews6计算得出。处理原则是首先尽量移除不能通过t检验的变量，然后处理与预想结果不一致的变量以符合实际意义，最后修正异方差性或相关性。表5－4分别显示了绝对β收敛和条件β收敛的计算结果。

表5－4　中国省级层面绝对β收敛和条件β收敛的比较分析：1990～2010年

	绝对β收敛	条件β收敛		
	1990～2010	1990～2010	1990～2000	2000～2010
截距项	0.033844***	0.044925***	—	0.104887
$\ln Y_{i,t}$	－0.003696***	－0.010715***	0.01256***	－0.024595
BG	—	－0.021853***	－0.012987***	－0.018847**
HC	—	—	—	—
IR	—	0.021469***	0.012172***	0.046277
EI	—	—	－0.019774**	—
RDFT	—	—	－0.005995***	0.00149
IL	—	0.014372***	—	0.014341*
GRP	—	－0.090452*	－0.218314*	－0.274775
L	—	0.002669***	0.009399***	—
R^2	0.641822	0.944164	0.982082	0.999119
$Ad-R^2$	0.629471	0.930205	0.974404	0.998741

续表

	绝对 β 收敛	条件 β 收敛		
	1990～2010	1990～2010	1990～2000	2000～2010
DW	2.338495	2.029801	1.802198	2.074407
F	51.96526	67.63788***	127.8931***	2646.012***
收敛速度	0.003839733	0.012059012	-0.011831623	0.02822966
判断	弱收敛	收敛	发散	收敛

根据表5-4的结果，可以看出中国省级层面1990～2010年存在弱绝对 β 收敛，收敛速度为0.38%，通过在基本模型中增加控制变量（政府行为、投资率、产业水平等），条件 β 收敛更为显著，速率为1.21%，且 β 值系数为负。其他变量的系数、t检验和F检验结果也都在预期之内。更进一步，条件 β 收敛中1990～2000年和2000～2010年两个时间段的结果完全不同。如表5-4所示，前一个时间段显示条件 β 收敛结果是发散的，后一个时间段是收敛的。

通过比较表5-1和表5-4，可以发现，同时期的模型系数是相同的。

正如所预期的，存在一系列影响人均收入增长率的因素。为了缩小区域经济之间的差距，关注政府行为、工业化水平和投资强度等因素是必要的。

5.3.2　各种分析的综合说明

综合Theil系数变化分析，σ-收敛检验、β-绝对收敛和 β-条件收敛检验的结果分析，尽管各种分析结果在解释上存在一些不同之处，特别是在对全国区域经济差距是呈现出扩大趋势还是呈现出一定的缩小趋势的基本判断上，具体的阶段性变化特征有所不同，但从总体上而言，这些分析结果基本表明了：改革开放以来，中国的区域经济差距整体上呈现出长期的上升而近年有所下降的趋势，且有明显的阶段波动性。不同分析对近年来全国区域经济增长大致表现出区域总体差距有所缩小的态势的判断大致是一致的。

如2005年以来Theil系数表现出下降的趋势，且五大区域之间的差距呈现出一定的缩小态势。基于省级层面数据的σ-收敛指数在2000年后呈下降趋势，表明此段时间全国经济增长存在σ-收敛。基于地市单元数据的σ-收敛指数在2003年后呈下降趋势，表明全国区域经济差距逐渐缩小，经济增长具有σ收敛性。β-绝对收敛检验表明，2000~2010年全国区域经济增长呈现出β-绝对收敛态势，尽管拟合模型的整体解释不够理想，但这种趋势还是可以大致说明2000年后我国总体上地区差距在不断缩小。β-条件收敛检验结果表明在加入控制变量如政府因素、固定资产投入、投资效率、工业化水平、人口因素等后，2000~2010年中国区域经济增长存在β-条件收敛。

5.4 对区域经济差距调控的启示

近年来，我国区域经济增长中表现出一定的σ-收敛性和β-绝对收敛态势，又存在有条件的收敛，这表明当前我国区域经济总体差距有所缩小。但从长远来看，仍然需要寻求缩小区域差距的有效之策，体现出构建和谐社会的根本要求。

这些分析也表明，未来国家除了在区域经济发展政策上需要继续给予有力的支持外，还需要从经济生产要素上下功夫，了解要素的贡献率，促进区域经济收敛性的发生，缩小区域经济发展差距，促进区域经济协调发展。面临东部地区与其他区域的差距，对于如何加快落后地区（东北、中部、西南、西北）发展，促进或加速全国经济收敛，下面给出一些重要启示。

①加快资本投入，增加落后地区的投资，提高资本投资增长率，

改变现有投资结构。这样能够提高落后地区的人均收入增长率，使它们赶超东部地区，达到经济收敛。继续加大资本投入力度，可以极快地促进东北、中部、西南、西北地区的发展。经济增长离不开物质与人力，当今中国人口多，急需的是物质资本投入。必须进一步加大招商引资力度，充分利用外资，更快地实现经济收敛。

②控制人口增长，降低人口增长速度，有利于提高人均收入增长速度。人口总量过多仍然是制约我国经济发展和社会发展的非常重要的因素。对于落后地区，控制人口增长率尤为重要。控制人口数量措施一定要与经济利益措施相结合，使增加人口者的经济成本提高，减少人口者获得必要的经济收益，这样才能使人口增减的社会成本收益落实到个人。

③增加人力资本投入，加快落后地区人力资源的培育，促使它们提高从业人员的素质，引进高素质人才。加强自主研发与创新，增强科技核心竞争能力，提高产品的科技转化率，提高技术的贡献率。增加政府的人力资本投资支出，关键是在体制上解决好教育投资收益的归属和投资的长期行为问题，并在地方政府政绩考核中有所体现。人力资本积累，尤其是专业化的人力资本积累是经济长期增长的根本源泉。应加强科技和教育培训，依靠人才强国战略，实现经济又好又快的发展。

④拓展人力资本投资渠道，调整优化教育结构。应充分发挥教育对经济增长的促进作用，使教育结构与经济发展水平相适应。主要是：适度发展高等教育，提高规模效益与教学质量；引导教育投资重点投向基础教育和职业教育；大力发展成人教育；重点扶持农村地区和不发达地区的基础教育，降低贫困地区儿童的失学率，努力消除青壮年文盲，真正把提高教育水平作为提高整个国家人力资本水平的基础，使我国人力资本的增长与经济增长步入良性循环的发展轨道。

⑤政府要尊重市场规律，恰当定位政府职能，充分发挥市场配置资源的作用。政府在积极引导投资的同时，要尊重市场机制的作用，改善投资环境，提高投资效率，这有助于加快人均收入的增长速度，从而缩小与东部地区的差异，实现全国区域经济收敛。

⑥加快工业发展，是有利于地区经济发展的必要条件。工业化水平是决定一个区域经济发展的关键因素。工业是拉动经济增长的主要动力，要进一步促进落后区域经济发展，必须加快工业发展，走新型工业化道路，促进资源节约型、环境友好型社会建设。

第六章　基于空间面板模型的中国区域经济增长空间分析

本章采用第二章所描述的索洛－斯旺模型的空间扩展形式，设定应用于中国区域经济增长的索洛－斯旺空间扩展面板模型，选取1992～2010年中国339个地级市以上地区的面板数据，首先对非空间的经典索洛－斯旺经济增长模型做拟合回归，分别讨论截面固定效应和时间固定效应对模型的影响，并用传统的拉格朗日乘数（LM test）和稳定的拉格朗日乘数（Robust LM test）来检验其空间相关性，说明对经典索洛－斯旺模型进行空间扩展的必要性。进一步，对空间扩展的索洛－斯旺经济增长模型进行回归分析和比较，一方面检验空间位置关系是否对我国的区域经济增长有影响及其影响方式，另一方面考察空间计量经济视角下中国区域经济增长的表现情况，并讨论截面固定效应和时间固定效应对模型的影响。

6.1　研究样本与变量的选取

6.1.1　研究样本的选取

考虑到地市行政单元是比较合适的研究单元，因此本章同样选取地市级行政区为基本分析单元进行研究。省域单元面积太大，省会城市的辐射能力由中心向边界递减，难以辐射省域边界地区。县域单元面积较小，县城及县级市的经济规模较小，带动县域经济发展的能力有限。相比较而言，地市级行政单元的地域面积适中，城市规模足够大，尤其是中心城市大多为大中城市，能够成为集聚与扩散经济要素能力较强的增长极，带动区域经济发展的能力较大。中国的大城市全是地级以上行政区的中心城市，这类城市在中国的区域发展中占有特殊的地位。因此，以地市级行政区为研究单元来研究空间位置对区域经济增长的影响效应，不但具有代表性，更具有重要的现实意义。因此，本章研究样本与第三章的研究样本一致，地市级样本总量为339个。

五大区域的划分与前述章节中有关区域划分保持一致。

6.1.2　变量的选取

为了满足后续的非空间和空间面板模型分析的需要，结合变量的代表性与数据可得性，选取了人均GDP、资本存量比、劳动人口增长率、折旧率和技术增长率等变量。

此外，本章选取1992年至2010年的数据进行分析，数据来源于1993～2011年的《中国城市统计年鉴》。

（1）人均GDP

本章中的因变量是实际人均GDP，对历年各地区GDP指数进行整理计算后得到以1992年为基期的各地区历年GDP指数，进一步计算得出1992～2010年历年我国339个地市级样本以1992年为基期的可比价格GDP数值，单位为亿元。

（2）资本存量比

该指标表示资本存量占该地市单元GDP的比重。统计年鉴上没有给出各城市的资本存量，需要利用固定资产投资流量数据，通过永续盘算法计算各城市的物质资本存量，利用各省投资价格指数缩减为1992年不变价，计算过程如下：

$$K_{it} = K_{it-1} + I_{it} - D_{it} \tag{6-1}$$

其中，$D_{it} = \delta \times K_{it-1}$，$K_{i0} = I_{i0} / (\delta + g)$。式中：$K_{it}$为地市$i$年度$t$的资本存量；$I_{it}$为地市$i$年度$t$的固定资产投资总额；$D_{it}$为地市$i$年度$t$的折旧量；$K_{i0}$为地市$i$的资本存量基期值，采用永续盘存法计算而得；$I_{i0}$为地市$i$基期固定资产投资总额；$\delta$为折旧率，本章选用官方的3.6%作为$\delta$的取值；$g$为各地市1992～2010年固定资产投资平均增长速度。

（3）劳动人口增长率、折旧率和技术增长率

劳动人口增长率采用各地级市年均的劳动人口增长率。在分析中，假设折旧率和技术增长率之和在各个地级市都相等，且等于5%。因为技术增长率反映的是知识的进步，该值在各区域之间都是相同的。

6.2　非空间面板模型分析

根据第二章中经典的索洛－斯旺经济增长模型，即公式（2－17），对其加入截面固定效应和时间固定效应的哑变量，构建非空间面板模型的表达式，如公式（6－2）所示：

$$\frac{\ln(q_{it}/q_{i,t-T})}{T} = \beta_0 + \beta_1 \ln(q_{i,t-T}) + \beta_2 \ln[s_{it}/(n_{it} + g + \delta)] + \mu_i + \nu_t + \varepsilon_{it} \tag{6-2}$$

式中：因变量$\ln(q_{it}/q_{i,t-T})/T$代表1992～2010年我国339个地市样本中地市i在$t-T$到t年之间实际的人均GDP增长率；自变量$\ln(q_{i,t-T})$表示$t-T$年的实际人均GDP；$\ln[s_{it}/(n_{it}+g+\delta)]$表示$t-T$年到$t$年之间储蓄和劳动人口的平均变化情况；$\mu_i$和$\nu_t$分

别代表截面固定效应和时间固定效应的哑变量；模型中的 ε_{it} 代表正态分布且独立的误差项。对于时间跨度 T 的选取，理论上来说，最小值可以取 1，这是因为获取的基础数据是年度数据，而年度数据被认为跨度太短不适合用来研究经济增长的收敛情况，因为较短时间跨度的短期扰动可能会非常大（Islam，1995）。因此，针对所选取的变量数据的自身特点，并结合我国政策的实施时间，考虑选取 3 年作为时间跨度，即 $T=3$。在本章后续回归分析中，观测点的个数等于 339 × 6 = 2034（1992 ~ 1995，1995 ~ 1998，1998 ~ 2001，2001 ~ 2004，2004 ~ 2007，2007 ~ 2010）。文中 μ_i 和 ν_t 除特别注明外，均采用固定效应形式。对于固定效应形式的 μ_i 和 ν_t，截距 α 只有在 $\sum_i \mu_i = 0$ 和 $\sum_t \nu_t = 0$ 的条件下才能够被估计，另一种可选择的等价模型是除去截距项，同时放弃两个假设条件中的一个。通常可替代的方法是在模型中剔除常数项。

根据 Elhorst（2012）的做法，分别对不含 μ_i 和 ν_t、只包含 μ_i、只包含 ν_t、同时包含 μ_i 和 ν_t 四种不包含空间因素的经典索洛 - 斯旺模型进行普通最小二乘估计和 LM（或 Robust LM）检验，结果如表 6 - 1 所示。

第一，对于不含截面和时间固定效应模型和只含截面固定效应模型的传统 LM 和 Robust LM 检验结果均显示，在 1% 的显著性水平下，经典的索洛 - 斯旺模型可以扩展为空间自回归模型或空间误差模型。

第二，对于只包含时间固定效应的模型的空间自回归传统 LM 检验和空间误差传统 LM 检验显示，在 1% 的显著性水平下，经典的索洛 - 斯旺模型可以扩展为包含空间滞后自相关误差项的 SAR 或包含空间滞后自相关误差项的 SEM 模型，但是 Robust LM SAR 和 Robust LM SEM 拒绝这种扩展。

第三，对于同时包含截面和时间固定效应的模型，空间自回归传统 LM 检验、Robust LM SAR 和空间误差传统 LM 检验均显示在 1% 的显著性水平下，经典的索洛－斯旺模型可以扩展为包含空间滞后自相关误差项的SAR或包含空间滞后自相关误差项的SEM模型，但是Robust LM SEM拒绝扩展为包含空间滞后自相关误差项的SEM模型。

第四，从模型的拟合优度来看，包含截面和时间效应的模型拟合程度最好，其次是只含截面固定效应的模型，而不含截面和时间固定效应、只含时间固定效应的模型拟合程度都不高。

第五，对截面和时间固定效应的似然比（Likelihood Ratio）检验结果分别为：$df=339$，$LR=734.4695$，$p=0$ 和 $df=6$，$LR=586.173$，$p=0$，表明截面和时间固定效应均是高度显著的，表明包含 μ_i 和 λ_t 固定效应哑变量的空间面板模型要优于传统非空间面板OLS模型。

第六，根据索洛－斯旺增长模型，资本占总产出的比重，即 $\alpha=\beta_2/(\beta_2-\beta_1)$，可以作为检验索洛－斯旺模型是否正确的工具，因为该值的预期在1/3左右。通过此指标，表6－1中只有只含截面特定效应的模型的 α 值在1/3附近。综上所述，包含截面固定效应的空间面板模型要优于传统的非空间面板模型。

表6－1　非空间面板模型分析结果

	不含截面和时间固定效应	只含截面固定效应	只含时间固定效应	包含截面和时间固定效应
截距	0.068111	na	na	na
	(0)	na	na	na
$\ln(q_{t-T})$	0.002836	0.003035	0.000176	－0.057959
	(0.0032)	(0.1967)	(0.8601)	(0)
$\ln[s/(n+g+d)]$	0.00425	0.00179	－0.0022	－0.028384
	(0.0055)	(0.4147)	(0.2298)	(0)
σ^2	0.0026	0.0022	0.0023	0.0016
R^2	0.0092	0.0028	0.0008	0.1235
$R(bar)^2$	0.0082	0.0023	0.0003	0.1231

续表

	不含截面和时间固定效应	只含截面固定效应	只含时间固定效应	包含截面和时间固定效应
Durbin-Watson	1.3144	1.2968	1.4636	1.5612
LM SAR	468.6788	464.1104	238.8391	156.9832
	(0)	(0)	(0)	(0)
Robust LM SAR	25.3909	150.3236	0.2159	7.805
	(0)	(0)	(0.642)	(0.005)
LM SEM	454.007	450.0326	239.3789	149.9939
	(0)	(0)	(0)	(0)
Robust LM SEM	10.7191	136.2457	0.7558	0.8157
	(0.001)	(0)	(0.385)	(0.366)
LR 截面效应联合显著	na	na	na	734.4695
	na	na	na	(0)
LR 时间效应联合显著	na	na	na	586.173
	na	na	na	(0)
内含 a	3.005658	-1.437751	0.925957	-0.959730
内含 λ	-0.002824	-0.003021	-0.00018	0.063671

注：括号内为显著水平 p 值。

大量试算表明，只含截面固定效应与包含截面和时间固定效应的面板模型的表现情况最好，同时，这两种效应模型表现的估计结果存在一定的差异。

6.3 基于空间面板模型的中国区域经济增长空间计量分析

6.3.1 空间面板模型的设定：索洛－斯旺空间扩展面板模型

上一节的结果支持了索洛－斯旺模型空间扩展的必要性，因此，本节采用第二章中的索洛－斯旺模型的空间扩展形式，即模型（2－20），进一步在模型中加入截面固定效应和时间固定效应的哑变量，探索最优的空间面板经济增长模型，检验空间位置关系对我国区域经济增长的影响，并对我国的区域经济增长进行空间计量经济学实证分析。

加入截面固定效应和时间固定效应的索洛－斯旺空间扩展面板模型的表达式如下：

$$\frac{\ln(q_{i,t}/q_{i,t-T})}{T} = \alpha + \rho W\frac{\ln(q_{i,t}/q_{i,t-T})}{T} + \beta_0 + \beta_1 \ln(q_{i,t-T}) + \beta_2 \ln[s_{it}/(n_{it}+g+\delta)] + \beta_3 W\ln(q_{i,t-T}) + \beta_4 W\ln[s_{it}/(n_{it}+g+\delta)] + \mu_i + \nu_t + \varepsilon_{it} \tag{6-3}$$

式中：因变量 $\ln(q_{i,t}/q_{i,t-T})/T$，代表 1992～2010 年 339 个地区样本中地区 i 在 $t-T$ 到 t 年之间的实际人均 GDP 增长率；自变量 $\ln(q_{i,t-T})$表示 $t-T$ 年的实际人均 GDP；$\ln[s_{it}/(n_{it}+g+\delta)]$ 表示$t-T$到 t 年之间储蓄和劳动人口的平均变化情况；W 为行标准化后的空间权重矩阵；μ_i 和 ν_t 分别代表截面固定效应和时间固定效应的哑变量，这里除了建立上一节的四种固定效应模型外，多增加一个同时包含时间和截面哑变量的随机效应模型；ε_{it}代表正态分布且独立的误差项；α 为常数项；ρ 和 β_3、β_4 分别对应被解释变量的空间滞后系数和解释变量的空间滞后系数。

6.3.2　模型结果分析

表 6－2 显示了不含截面和时间固定效应、只含截面固定效应、只含时间固定效应、同时包含截面和时间固定效应模型和随机效应模型的估计结果。

第一，模型估计的 σ^2 和空间滞后因变量 WY 系数较为稳定，不随模型中是否包含截面或时间效应而变化；相对而言，模型估计的

拟合优度 R^2、自变量 X 和 WX 的系数显得较为敏感，不同模型所得到的估计结果之间有很大差异。

第二，从模型拟合程度看，只含截面固定效应与包含截面和时间固定效应的模型拟合程度最好，但也分别只有0.11和0.33；从变量的显著程度来看，只含截面固定效应与包含截面和时间固定效应的模型的所有5个变量均在1%的显著水平下显著，其次是随机效应模型，有4个变量在至少10%的显著水平下显著，不含截面和时间固定效应、只含时间固定效应模型的变量显著程度较差。

第三，从模型参数估计的正负号来看，模型中自变量 X 和空间滞后因变量 WY 的系数的正负号具有一致性，而对于自变量 WX 系数的正负号，包含截面和时间固定效应的模型表现出与其他模型的变量符号相反的情况。

第四，在检验空间杜宾模型是否可以简化为空间误差模型时，可以采用Wald或LR方法，包含截面和时间固定效应的模型报告了Wald检验的结果（11.0597，$p=0.004$），该结果表明模型拒绝简化为空间误差模型形式；在检验空间杜宾模型是否可以简化为空间滞后模型时，可以采用类似的方法，Wald检验结果（26.0915，$p=0$）表明模型拒绝简化为空间滞后模型形式。而随机效应模型报告的Wald检验的结果均不能拒绝模型的上述两种简化。

第五，为了考察引入随机效应的假设是否合适，可以采用豪斯曼检验。豪斯曼检验结果（135.5504，$p=0.0000$）表明模型拒绝引入随机效应的假设。

综上所述，从模型的拟合程度、变量显著程度来考察，我们认为只含截面固定效应与包含截面和时间固定效应的模型是较为合适的模型，尽管两类模型在变量系数的估计值上存在不小的差别；同时，相对于空间滞后模型和空间误差模型，本章采用的空间杜宾模型更加合适。

表 6－2　空间因素模型分析结果

	不含截面和时间固定效应	只含截面固定效应	只含时间固定效应	包含截面和时间固定效应	包含随机效应
截距	0.054291	na	na	na	na
	(0)	na	na	na	na
$\ln(q_{t-T})$	－0.000788	－0.039613	－0.001165	－0.056105	－0.002817
	(0.5896)	(0)	(0.3919)	(0)	(0.0704)
$\ln[s/(n+g+\delta)]$	－0.001343	－0.020384	－0.002962	－0.026927	－0.005373
	(0.5286)	(0)	(0.1461)	(0)	(0.0139)
$W\times\ln(q_{t-T})$	0.006398	0.058421	0.003663	－0.036563	0.004094
	(0.0010)	(0)	(0.0579)	(0)	(0.0653)
$W\times\ln[s/(n+g+\delta)]$	0.011071	0.015546	0.003957	－0.018428	0.001646
	(0)	(0.0013)	(0.2221)	(00001)	(0.6388)
$W\times[\ln(q_t/q_{t-T})/t]$	－0.236068	－0.236068	－0.236068	－0.236068	－0.236068
	(0)	(0)	(0)	(0)	(0)
σ^2	0.0031	0.0029	0.0026	0.0018	0.0024
R^2	－0.1431	0.1069	0.0142	0.33	－0.0422
Wald spatial lag	na	na	na	26.0915	3.4169
	na	na	na	(0)	(0.1811)
Wald spatial error	na	na	na	11.0597	3.929
	na	na	na	(0.0040)	(0.1402)
内含 λ	0.000789	0.042172	0.001167	0.061434	0.002829
内含 α	2.369142	－0.362589	13.459184	－1.016157	－0.672386
内含 φ	0.050678	－0.697477	－11.810881	0.093304	2.774498
内含 γ	8.419820	2.229705	0.163606	－0.621530	－0.957746
$\beta_1+\beta_3$	0.005610	0.018808	0.002498	－0.092668	0.001277

注：括号内为显著水平 p 值。

6.3.3　模型估计结果的解释

首先，从表 6－2 的结果来看，在解释能力上，索洛增长模型的空间扩展形式比非空间索洛增长模型平均增加0.019。经济收敛的一个充分必要条件是$\beta_1+\beta_3<0$，表6－2中只有第5列满足了这个条件。此外，因变量空间滞后项显著不为0，这有力地支持了在第二章2.2.3小节中提出的假说H_1，即某经济体的经济增长率和相邻经济体的经济增长率相关。计量经济文献指出，如果回归方程忽略了一个相关的变量，则剩余变量的OLS估计值将有偏且不一致。这也支持了自变量空间滞后项和因变量空间滞后项。如表6－1、表6－2收敛速度的不同展示了估计值的有偏性。在表6－2中，只含截面固定效应的收敛速度为0.042%，而在表6－1中，不存在收敛现象；在包含截面和时间固定效应的情况下，表6－2的收敛速度为0.061%，而表6－1中该值为0.064%。

其次，邻近经济体的初始收入水平$W\times\ln(q_{i,t-T})$显著不为零，我们可以把该系数除以该经济体自身的初始收入水平的系数，通过这种方法来验证假说H_4，即某经济体的经济稳态水平与相邻经济体的s，n，g和δ有间接关系。不含截面和时间固定效应的情况下，该值等于－8.119；在只含截面固定效应的情况下，该值等于－1.475；在只含时间固定效应的情况下，该值等于－3.144；在同时包含截面和时间固定效应的情况下，该值等于0.652。该结果支持了假说H_4。

再次，除了在只含时间固定效应和随机效应的情况下，邻近经济体的$\ln[s/(n+g+\delta)]$对经济增长率的影响效应显著不为零。我们也可以把该系数除以该经济体自身的初始收入水平的系数，通过这种方法来验证假说H_2和假说H_3，即某经济体的经济增长率受相邻经济体的s，n，g和δ的影响，以及某经济体的经济稳态水平与相邻经济体的s，n，g和δ有直接关系。该值表明不含时间和截面固定效应、只含截面固定效应与同时包含时间和截面固定效应这三种模型的估计结果可以支持假说H_2和假说H_3，即某经济体的经济增长率以及经济稳态水平与相邻经济体的s，n，g和δ有直接关系。

最后，虽然本章的数据分析似乎支持了空间杜宾模型是空间滞后模型和空间误差模型的一个有效扩展的结论，但是该实证模型并没有完全吻合用来奠定基础的经济理论模型。在表6－2中所归纳的回归分析结果中，大多数 $\alpha = \beta_4/(\beta_4 - \beta_3)$，$\varphi = \beta_2/(\beta_2 - \beta_1) - \beta_4/(\beta_4 - \beta_3)$，$\gamma = (\beta_4 - \beta_3)/(\beta_1 - \beta_2)$ 超出了原先定义的范围，即 $0 < \alpha < 1$，$0 < \varphi < 1$，γ 和 ρ 被定义为相同的间隔（$1/\omega_{min}$，$1/\omega_{max}$）。其原因可能是模型中加入了固定效应。表6－2中只有只包含截面固定效应模型的 φ 值符合定义范围。一个可能的解释是，本节分析只考虑了截距的空间异质性。如果我们把假设放宽到考虑系数的空间异质性，那么模型的表现可能会有所改善。

6.4　直接效应、间接效应

6.4.1　直接效应、间接效应的含义

进一步深入分析，对于非空间模型来说，参数的估计值就代表着自变量变化的边际效应，但是，对于空间杜宾模型来说，由于空间滞后项的存在，所以点估计值并不能代表自变量的边际效应。LeSage 和 Pace（2004）指出，很多实证研究采用空间回归模型的点估计值来检验是否存在空间溢出效应的假说，这可能导致错误的结果，而通过求变量的偏导数的方法来研究该假设，相对来讲更加有效。

因此，对于空间杜宾模型，首先将其改写成向量的形式：

$$Y_t = (I - \delta W)^{-1}\alpha\iota_N + (I - \delta W)^{-1}(X_t\beta + WX_t\theta) + (I - \delta W)^{-1}\varepsilon^* \tag{6-4}$$

其中，误差项 ε^* 包含了 ε、截面和时间固定效应，不同观测点的因变量对于第 K 个解释变量在某一时点的偏导数矩阵如下：

$$\left[\frac{\partial Y}{\partial x_{1k}} \quad \cdot \quad \frac{\partial Y}{\partial x_{Nk}}\right]_t = \begin{bmatrix} \frac{\partial y_1}{\partial x_{1k}} & \cdot & \frac{\partial y_1}{\partial x_{Nk}} \\ \cdot & \cdot & \cdot \\ \frac{\partial y_N}{\partial x_{1k}} & \cdot & \frac{\partial y_N}{\partial x_{Nk}} \end{bmatrix}_t$$

$$= (I - \delta W)^{-1} \begin{bmatrix} \beta_k & w_{12}\theta_k & \cdot & w_{1N}\theta_k \\ w_{21}\theta_k & \beta_k & \cdot & w_{2N}\theta_k \\ \cdot & \cdot & \cdot & \cdot \\ w_{N1}\theta_k & w_{N2}\theta_k & \cdot & \beta_k \end{bmatrix} \quad (6-5)$$

LeSage 和 Pace 把直接效应定义为等式右边矩阵的对角线上元素的平均值，把间接效应定义为该矩阵非对角线上元素的平均值。换句话说，直接效应是指自变量本身对于被解释变量的边际效应，间接效应是指自变量的空间滞后项对于被解释变量的边际效应。

6.4.2 直接效应、间接效应的分析结果

我们通过对公式（6－3）的各参数回归结果进行进一步整理计算，分别得到所有解释变量在五种效应下的直接效应、间接效应和总效应，如表 6－3 所示。由于上文的分析结果认为只含有截面固定效应与同时含有截面和时间固定效应的情况下的回归结果最优，因此，本节分别针对只包含截面固定效应与同时包含截面和时间固定效应的情况下的回归结果进行分析和解释，其余情况不再赘述。

表 6－3　直接效应、间接效应和总效应

直接效应	不含截面和时间固定效应	只含截面固定效应	只含时间固定效应	包含截面和时间固定效应	包含随机效应
$\ln(q_{t-T})$	-0.00106	-0.042429	-0.001324	-0.055115	-0.003021
	(0.4950)	(0)	(0.3623)	(0)	(0.0702)
$\ln[s/(n+g+\delta)]$	-0.001861	-0.021283	-0.003223	-0.026344	-0.005429
	(0.4054)	(0)	(0.1390)	(0)	(0.0156)

续表

间接效应	不含截面和时间固定效应	只含截面固定效应	只含时间固定效应	包含截面和时间固定效应	包含随机效应
$\ln(q_{t-T})$	0.005605	0.05768	0.003354	-0.019789	0.00406
	(0.0029)	(0)	(0.0698)	(0.0048)	(0.0602)
$\ln[s/(n+g+\delta)]$	0.009656	0.017327	0.003932	-0.010239	0.002407
	(0.0002)	(0.0001)	(0.2055)	(0.0130)	(0.4486)
总效应	不含截面和时间固定效应	只含截面固定效应	只含时间固定效应	包含截面和时间固定效应	包含随机效应
$\ln(q_{t-T})$	0.004544	0.015251	0.00203	-0.074904	0.00104
	(0.0001)	(0.0001)	(0.0922)	(0)	(0.4637)
$\ln[s/(n+g+\delta)]$	0.007795	-0.003956	0.000708	-0.036582	-0.003023
	(0)	(0.2815)	(0.7937)	(0)	(0.2825)

注：括号内为显著水平 p 值。

表6-3分别显示了各模型自变量的直接效应、间接效应和总效应。结果显示，第一，只含截面固定效应的模型中，自变量 $\ln(q_{t-T})$、$\ln[s/(n+g+\delta)]$ 每提高1%，对本地区 $\ln(q_{i,t}/q_{i,t-T})/T$ 变化的影响方向和大小分别为-0.042429%、-0.021283%；同时包含截面和时间固定效应的模型中，自变量 $\ln(q_{t-T})$、$\ln[s/(n+g+\delta)]$ 每提高1%，对本地区 $\ln(q_{i,t}/q_{i,t-T})/T$ 变化的影响方向和大小与只含截面固定效应模型的结果相似，分别为-0.055115%和-0.026344%。值得注意的是 $\ln[s/(n+g+\delta)]$ 变量对本地区的区域经济增长的直接效应为负，这和索洛-斯旺模型的初始设定不符，下节将会进一步结合间接效应和总效应一起对 $\ln[s/(n+g+\delta)]$ 进行分析。第二，由于因变量空间滞后项和自变量空间滞后项的存在，直接效应中还包含了邻近周边地区的反馈效应，即邻近地区的经济增长速度对本地区经济增长的影响和周边地区的经济稳态水平和储蓄率、人口增长率等自变量对本地区经济增长的影响。周

边地区的反馈效应在数值上等于表 6 - 2 中各自变量系数与表 6 - 3 中各自变量的直接效应的差值。在只包含截面固定效应的情况下，$\ln(q_{t-T})$、$\ln[s/(n+g+\delta)]$ 每提高 1%，模型的反馈效应分别为 0.002816%、0.000899%，在同时包含截面和时间固定效应的情况下，$\ln(q_{t-T})$、$\ln[s/(n+g+\delta)]$ 每提高 1%，模型的反馈效应分别为 -0.00099%、-0.000583%，这样，反馈效应的存在可以在一定程度上对区域经济空间的交互效应进行解释，尽管模型计算得到的各自变量的反馈效应与直接效应的绝对水平相比依然较小，并且，两种模型的反馈效应存在较大差异，前者为正值，后者为负值。

对于间接效应而言，结果显示，在只含截面固定效应的模型中，各地区的自变量 $\ln(q_{t-T})$、$\ln[s/(n+g+\delta)]$ 每提高 1%，对于其邻接的地区人均 GDP 增速 $\ln(q_{i,t}/q_{i,t-T})/T$ 的变化的影响为0.05768% 和 0.017327%；在同时包含截面和时间固定效应的模型中，各地区的自变量 $\ln(q_{t-T})$、$\ln[s/(n+g+\delta)]$ 每提高 1%，对于其邻接的地区人均 GDP 增速 $\ln(q_{i,t}/q_{i,t-T})/T$ 的变化的影响为 -0.019789% 和 -0.010239%。考察间接效应的正负方向在两种模型中的表现，在只含截面固定效应的模型中，$\ln(q_{t-T})$、$\ln[s/(n+g+\delta)]$ 对于其邻接的地区人均 GDP 增速 $\ln(q_{i,t}/q_{i,t-T})/T$ 的效应均为正，即对经济收敛没有起到促进作用；在同时包含截面和时间固定效应的模型中，$\ln(q_{t-T})$、$\ln[s/(n+g+\delta)]$ 对于其邻接的地区人均 GDP 增速 $\ln(q_{i,t}/q_{i,t-T})/T$的效应均为负，对经济收敛起到了促进作用。

对于总效应而言，结果显示，在只含截面固定效应的模型中，各地区自变量 $\ln(q_{t-T})$ 每提高 1%，对自身和其邻接地区的人均 GDP 增速 $\ln(q_{i,t}/q_{i,t-T})/T$ 的影响为 0.015251%，$\ln[s/(n+g+\delta)]$ 的总效应不显著。在同时包含截面和时间固定效应模型中，自变量 $\ln(q_{t-T})$和 $\ln[s/(n+g+\delta)]$ 均显著，两个变量每提高 1%，对自身和其邻接地区的人均 GDP 增速 $\ln(q_{i,t}/q_{i,t-T})/T$ 的影响分别为

-0.074904% 和 -0.036582%。

6.5　五大区域经济增长的空间面板模型分析及横向比较

6.5.1　非空间面板模型分析的横向比较

首先分别对东部地区、中部地区、东北地区、西南地区、西北地区五大区域不包含空间因素的经典索洛-斯旺模型进行回归分析和 LM（或 Robust LM）检验，结果如表 6-4 和表 6-5 所示。

表 6-4　只含截面固定效应的五大区域非空间模型比较

	东部地区	中部地区	东北地区	西北地区	西南地区
$\ln(q_{t-T})$	-0.0078	-0.0045	0.0198	0.0305	-0.0198
	(0.0078)	(0.4612)	(0.034)	(0)	(0.0142)
$\ln[s/(n+g+\delta)]$	-0.0118	0.0032	0.0308	0.0085	0.0126
	(0.0005)	(0.5006)	(0.0015)	(0.1199)	(0.0348)
σ^2	0.0017	0.0023	0.0014	0.0020	0.0024
R^2	0.0554	0.0011	0.2338	0.1663	0.0159
$R\ (\mathrm{bar})^2$	0.0536	-0.0008	0.2302	0.1641	0.0133
Durbin-Watson	1.3724	1.1080	1.7055	1.8074	1.2066
LM SAR	113.136	169.8756	29.41	11.1043	54.8558
	(0)	(0)	(0)	(0.001)	(0)
Robust LM SAR	0.1377	0.0266	22.4363	92.0924	1.4435
	(0.711)	(0.871)	(0)	(0)	(0.230)
LM SEM	115.7282	169.8917	19.1486	3.6633	56.6751
	(0)	(0)	(0)	(0.056)	(0)
Robust LM SEM	2.7299	0.0426	12.1749	84.6514	3.2627
	(0.098)	(0.836)	(0)	(0)	(0.071)

续表

	东部地区	中部地区	东北地区	西北地区	西南地区
内含 α	3.0043	0.4186	2.7924	-0.3840	0.3886
内含 λ	0.0079	0.0045	-0.0192	-0.0292	0.0204

注：括号内为显著水平 p 值。

表 6-4 表示的是只含截面固定效应的五大区域非空间模型比较。所有五大区域的传统 LM 检验结果显示，在至少 5% 的显著性水平下，经典的索洛-斯旺模型可以扩展为空间自回归模型或者空间误差模型，尽管 Robust LM 检验认为东部、中部和西南地区的数据不支持这种扩展。从模型的拟合优度来看，模型拟合情况不容乐观，最好的两个地区东北和西北的拟合优度才分别达到 0.2338 和 0.1663。根据索洛增长模型，资本占总产出的比重，即 $\alpha=\beta_2/(\beta_2-\beta_1)$，这个份额可以作为检验索洛-斯旺模型是否正确的工具，因为该值的预期在 1/3 左右。然而可以看到，只有中部和西南地区，该值接近 1/3。在不考虑空间因素的模型中，五大区域中的东部地区、中部地区、和西南地区表现出经济收敛的态势，东北地区和西北地区表现为经济发散态势。

表 6-5 含有截面和时间固定效应的五大区域非空间模型比较

	东部地区	中部地区	东北地区	西北地区	西南地区
$\ln(q_{t-T})$	-0.0215	-0.117	-0.1138	-0.0744	-0.2089
	(0)	(0)	(0)	(0)	(0)
$\ln[s/(n+g+\delta)]$	-0.0199	-0.0325	0.0129	-0.0288	-0.025
	(0)	(0)	(0.1072)	(0)	(0)
σ^2	0.0013	0.0013	0.0009	0.0015	0.0011
R^2	0.0541	0.2376	0.2087	0.0949	0.4515
$R\ (\text{bar})^2$	0.0523	0.2361	0.2050	0.0925	0.4501
Durbin-Watson	1.7367	1.5722	1.8948	1.7261	1.7232

续表

	东部地区	中部地区	东北地区	西北地区	西南地区
LM SAR	29.7307	21.9705	1.3771	6.6663	0.7206
	(0)	(0)	(0.241)	(0)	(0.396)
Robust LM SAR	4.474	1.8534	2.0057	35.7415	0.1219
	(0.034)	(0.173)	(0.157)	(0)	(0.727)
LM SEM	26.4905	20.5911	2.8755	19.297	0.6443
	(0)	(0)	(0.09)	(0)	(0.422)
Robust LM SEM	1.2338	0.474	3.5041	48.3722	0.0455
	(0.267)	(0.491)	(0.061)	(0)	(0.831)
LR 截面效应联合显著	124.9938	266.1735	106.4049	172.8111	296.3762
	(0.005)	(0)	(0)	(0)	(0)
LR 时间效应联合显著	136.2082	284.9661	99.7572	93.7396	304.432
	(0)	(0)	(0)	(0)	(0)
内含 α	-12.6597	-0.3844	0.1022	-0.6307	-0.136
内含 λ	0.0222	0.1441	0.1392	0.0842	0.3284

注：括号内为显著水平 p 值。

表6-5表示的是同时包含截面固定效应和时间固定效应的五大区域非空间模型比较。传统LM检验结果显示，东部、中部和西北地区在1%的显著性水平下，经典的索洛-斯旺模型可以扩展为空间自回归模型或者空间误差模型，西南地区不支持扩展为空间自回归模型或者空间误差模型，东北地区不支持扩展为空间自回归模型。而在Robust LM检验下，仅有东部和西北地区支持扩展为空间自回归模型，东北和西北地区支持扩展为空间误差模型。

从模型的拟合优度来看，略好于只含截面固定效应的模型，中部、东北和西南部的拟合优度在20%以上。而从资本占总产出的比重来看，没有一个地区的资本占总产出的比重满足预期的1/3左右。在不考虑空间因素的模型中，所有五大区域表现出经济收敛的态势。

6.5.2 空间面板模型的分析结果及横向比较

对公式（6－3）所表达的索洛－斯旺空间拓展面板模型进行回归分析，结果如表6－6和表6－7所示。

表6－6 只含截面固定效应的五大区域空间面板模型分析比较

	东部地区	中部地区	东北地区	西北地区	西南地区
$\ln(q_{t-T})$	－0.01147	－0.10506	－0.13072	－0.11924	－0.20485
	(0.0509)	(0)	(0)	(0)	(0)
$\ln[s/(n+g+\delta)]$	－0.01357	－0.02672	0.022985	－0.037	－0.01749
	(0.0443)	(0)	(0.0105)	(0)	(0)
$W\times\ln(q_{t-T})$	0.01832	0.10649	0.16818	0.13749	0.21127
	(0.0179)	(0)	(0)	(0)	(0)
$W\times\ln[s/(n+g+\delta)]$	－0.01870	0.02877	－0.02664	0.05294	0.01112
	(0.0355)	(0)	(0.1009)	(0)	(0.2554)
$W\times[\ln(q_t/q_{t-T})/t]$	－0.23611	0.57998	0.38798	0.32496	0.58097
	(0.0001)	(0)	(0)	(0)	(0)
σ^2	0.0024	0.0017	0.0011	0.0016	0.0015
R^2	0.0481	0.4993	0.5735	0.5653	0.5722
log-likelihood	na	964.12	443.3523	715.9767	720.4872
内含 λ	0.0117	0.1262	0.1660	0.1476	0.3178
内含 α	0.5051	－0.3702	0.1367	－0.6261	－0.0556
内含 φ	5.9545	0.0292	0.0128	0.1762	－0.0378
内含 γ	－17.6267	0.9921	1.2675	1.0281	1.0683
$\beta_1+\beta_3$	0.00686	0.00143	0.03746	0.01825	0.00642

注：括号内为显著水平 p 值。

在只含截面固定效应的情况下，东部地区、中部地区、东北地区、西北地区、西南地区的拟合优度分别为0.0481、0.4993、0.5735、0.5653、0.5722。与非空间模型分析相比，含有空间因素的空间杜宾模型的拟合优度水平均达到了较好的水平，除了西南地区的$W\times\ln[s/(n+g+\delta)]$未通过10%的显著水平检验外，其余地区的变量均至少在10%的显著水平下显著。对于经济收敛的必要条件$\beta_1+\beta_3<0$，五大区域均没有满足，此外，因变量空间滞后项显著不为0，这有力地支持了假说H_1分别在五大区域的成立，即某经济体的经济增长率与相邻的经济体的经济增长率相关。邻近经济体的初始收入水平$W\times\ln(q_{t-T})$表现出显著的正效应，我们可以把该系数除以该经济体自身的初始收入水平的系数，通过这种方法来验证假说H_4，即某经济体的经济稳态水平与相邻经济体的s、n、g和δ有间接关系。东部地区、中部地区、东北地区、西北地区、西南地区的该值分别等于-1.598、-1.014、-1.287、-1.153和-1.031，该结果支持了假说H_4。除西南地区邻近经济体的$W\times\ln[s/(n+g+\delta)]$对经济增长率的影响效应为不显著的正效应外，其他四大区域均显示出邻近经济体的$W\times\ln[s/(n+g+\delta)]$对经济增长率的显著影响，验证了假设$H_2$，即某经济体的经济增长率受相邻经济体的s、n、g和δ的影响；我们也可以把该系数除以该经济体自身的初始收入水平的系数，通过这种方法来验证假说H_3，即某经济体的经济稳态水平与相邻经济体的s、n、g和δ有直接关系。除西南地区外，其他四大区域的数据分析结果能够支持假说H_2和假说H_3。

表6-7　包含截面和时间固定效应的五大区域空间面板模型分析比较

	东部地区	中部地区	东北地区	西北地区	西南地区
$\ln(q_{t-T})$	-0.01888	-0.11297	-0.1313	-0.11767	-0.21354
	(0.0001)	(0)	(0)	(0)	(0)
$\ln[s/(n+g+\delta)]$	-0.01519	-0.03106	0.018193	-0.03813	-0.02566
	(0.0043)	(0)	(0.0225)	(0)	(0)
$W\times\ln(q_{t-T})$	-0.01638	0.01480	0.05710	0.13211	0.03114
	(0.0709)	(0.4361)	(0.0976)	(0)	(0.2473)

续表

	东部地区	中部地区	东北地区	西北地区	西南地区
$W\times\ln[s/(n+g+\delta)]$	-0.02277	0.00120	-0.03848	0.04602	-0.02887
	(0.0040)	(0.8823)	(0.0112)	(0)	(0.0042)
$W\times[\ln(q_t/q_{t-T})/t]$	-0.23607	0.23497	0.138998	0.257978	0.058966
	(0.0001)	(0.0001)	(0.1247)	(0)	(0.4274)
σ^2	0.0014	0.0013	0.0008	0.0013	0.0011
R^2	0.3176	0.5385	0.6119	0.5776	0.6311
log-likelihood	na	1008.677	458.888	726.0596	767.9886
Wald spatial lag	9.4174	0.6167	8.0063	48.3987	9.9233
	(0.0090)	(0.7350)	(0.0180)	(0)	(0.0070)
LR spatial lag	na	0.6789	7.825	45.7095	9.7734
		(0.7121)	(0.0200)	(0)	(0.0075)
Wald spatial error	5.5934	0.892	6.3883	31.0124	9.8267
	(0.0610)	(0.6402)	(0.0410)	(0)	(0.0073)
LR spatial error	na	0.7807	6.3358	29.6804	9.7106
		0.6768	0.0421	(0)	(0.0078)
内含 λ	0.019434	0.137955	0.166907	0.145145	0.341117
内含 α	3.561063	-0.08815	0.402574	-0.53459	0.481053
内含 φ	-7.67428	-0.29098	-0.28088	0.0552	-0.61765
内含 γ	1.732124	0.166052	0.639319	1.082272	0.319416
$\beta_1+\beta_3$	-0.03526	-0.09817	-0.07420	0.014433	-0.18240

注：括号内为显著水平 p 值。

在同时包含截面和时间固定效应的情况下，东部地区、中部地区、东北地区、西北地区、西南地区的拟合优度分别为 0.3176、0.5385、0.6119、0.5776、0.6311，这比只包含截面固定效应模型的结果更好。但从变量的显著程度来看，整体情况不如只含截面固定效应的模型，东部和西北地区的所有变量在至少 10% 的显著水平下显著，中部地区的 $W\times\ln(q_{t-T})$ 和 $W\times\ln[s/(n+g+\delta)]$ 变量并不显著，东北地区的 $W\times[\ln(q_t/q_{t-T})/t]$ 不显著，西南地区的 $W\times\ln(q_{t-T})$ 和 $W\times[\ln(q_t/q_{t-T})/t]$ 不显著。对于经济收敛的必要条件 $\beta_1+\beta_3<0$，除了西北地区没有满足以外，其余大区域均得到满足。此外，东北地区、西南地区的因变量空间滞后项不显著，而东部地区、中部地区和西北地区的因变量空间滞后项均显著不为0，这说明东部地区、中部地区和西北地区的数据分析结果均支持了假说 H_1 的成立，即某经济体的经济增长率与相邻的经济体的经济增长率相关。邻近经济体的初始收入水平 $W\times\ln(q_{i,t-T})$ 表现出显著的正效应，我们可以把该系数除以该经济体自身的初始收入水平的系数，通过这种方法来验证假说 H_4，即某经济体的经济稳态水平与相邻经济体的 s、n、g 和 δ 有间接关系。东部地区、东北地区、西北地区的结果支持了假说 H_4，而中部地区和西南地区的结果不能支持假说 H_4。除中部地区邻近经济体的 $W\times\ln[s/(n+g+\delta)]$ 对经济增长率的影响效应为不显著的正效应外，其他四大区域均显示出邻近经济体的 $W\times\ln[s/(n+g+\delta)]$ 对经济增长率的显著影响，验证了假设 H_2，即某经济体的经济增长率受相邻经济体的 s、n、g 和 δ 的影响；我们也可以把该系数除以该经济体自身的初始收入水平的系数，通过这种方法来验证假说 H_3，即某经济体的经济稳态水平与相邻经济体的 s、n、g 和 δ 有直接关系。除中部地区外，其他四大区域的数据分析结果均能够支持假说 H_2 和假说 H_3。

此外，根据表6-6和表6-7中所归纳的回归分析结果，可以发现与全国层面的分析结果与之相类似，大多数 $\alpha=\beta_4/(\beta_4-\beta_3)$，$\varphi=\beta_2/(\beta_2-\beta_1)-\beta_4/(\beta_4-\beta_3)$，$\gamma=(\beta_4-\beta_3)/(\beta_1-\beta_2)$ 超出了原先定义的范围，$0<\alpha<1$，$0<\varphi<1$，γ 和 ρ 被定义为相同的间隔（$1/\omega_{\min}$，$1/\omega_{\max}$）。一个可能的解释原因是，本节只考虑了截距的空间异质性。如果我们把假设放宽到考虑系数的空间异质性，那么模型的表现可能会有所改善。

6.5.3 直接效应、间接效应的横向比较

对五大区域只含截面固定效应的模型、同时包含截面和时间固定效应的模型分别进行分析，得到各大区域解释变量的直接效应、间接效应和总效应，如表6-8、表6-9所示。

表6-8 截面固定效应下五大区域的直接效应、间接效应比较

直接效应	东部地区	中部地区	东北地区	西北地区	西南地区
$\ln(q_{t-T})$	-0.01261	-0.09718	-0.11826	-0.11215	-0.18841
	(0.0411)	(0)	(0)	(0)	(0)
$\ln[s/(n+g+\delta)]$	-0.01295	-0.02456	0.02030	-0.03398	-0.01737
	(0.0680)	(0)	(0.0333)	(0)	(0.0030)
间接效应	东部地区	中部地区	东北地区	西北地区	西南地区
$\ln(q_{t-T})$	0.01815	0.10111	0.18093	0.13912	0.20529
	(0.0133)	(0)	(0)	(0)	(0)
$\ln[s/(n+g+\delta)]$	-0.0132	0.02906	-0.02829	0.05736	0.00104
	(0.1210)	(0.0476)	(0.2690)	(0)	(0.9624)
总效应	东部地区	中部地区	东北地区	西北地区	西南地区
$\ln(q_{t-T})$	0.00554	0.00394	0.06267	0.02697	0.01688
	(0.2628)	(0.8430)	(0.0135)	(0.0039)	(0.5911)
$\ln[s/(n+g+\delta)]$	-0.02616	0.00449	-0.00798	0.02338	-0.01633
	(0)	(0.7859)	(0.7804)	(0.0483)	(0.5191)

注：括号内为显著水平 p 值。

对于只含截面固定效应的模型来说，东部地区、中部地区、东北地区、西北地区、西南地区各自的初始人均收入水平 $\ln(q_{t-T})$ 每提高1%，对本地区 $\ln(q_{i,t}/q_{i,t-T})/T$ 的变化的影响方向和大小分别为 -0.01261%、-0.09718%、-0.11826%、-0.11215%、-0.18841%，五大区域的直接效应均表现出收敛的态势；各地区的 $\ln[s/(n+g+\delta)]$ 每提高1%，对本地区 $\ln(q_{i,t}/q_{i,t-T})/T$ 的变化的影响方向和

大小分别为 -0.01295%、-0.02456%、0.02030%、-0.03398%、-0.01737%。空间杜宾模型中因变量和自变量空间滞后项产生的反馈效应的大小可以通过计算表6-4中各自变量系数与表6-8中各自变量的直接效应的差得到。结果显示，东部地区、中部地区、东北地区、西北地区、西南地区的初始人均收入水平 $\ln(q_{t-T})$ 每提高1%，其周边地区的反馈效应分别为0.00114%、-0.00788%、-0.01246%、-0.00709%、-0.01644%，各地区的 $\ln[s/(n+g+\delta)]$ 每提高1%，SDM模型的反馈效应分别为-0.00061%、-0.00215%、0.00268%、-0.00302%、-0.00013%。可以看到，SDM模型计算得到的各自变量的反馈效应与直接效应的绝对水平相比依然较小。空间杜宾模型计算得到的各大区域各自变量的间接效应（中部地区、西北地区除外）和总效应（西北地区除外）的值因为在统计上不显著，在此不再赘述。

表6-9　截面和时间固定效应下五大区域的直接效应、间接效应比较

直接效应	东部地区	中部地区	东北地区	西北地区	西南地区
$\ln(q_{t-T})$	-0.01794	-0.11342	0.00056	-0.11176	-0.2137
	(0.0007)	(0)	(0.8575)	(0)	(0)
$\ln[s/(n+g+\delta)]$	-0.01405	-0.03104	0.00271	-0.03595	-0.02614
	(0.0149)	(0)	(0.5894)	(0)	(0)
间接效应	东部地区	中部地区	东北地区	西北地区	西南地区
$\ln(q_{t-T})$	-0.01063	-0.01516	0.02099	0.13202	0.02040
	(0.1915)	(0.4939)	(0.0144)	(0)	(0.3846)
$\ln[s/(n+g+\delta)]$	-0.01678	-0.00748	0.00155	0.04689	-0.03202
	(0.0259)	(0.4362)	(0.9081)	(0.0002)	(0.0045)
总效应	东部地区	中部地区	东北地区	西北地区	西南地区
$\ln(q_{t-T})$	-0.02857	-0.12858	0.02155	0.02026	-0.19329
	(0.0004)	(0)	(0.0137)	(0.4207)	(0)

续表

直接效应	东部地区	中部地区	东北地区	西北地区	西南地区
$\ln[s/(n+g+\delta)]$	-0.03083	-0.03851	0.00426	0.01095	-0.05815
	(0)	(0.0004)	(0.7689)	(0.4337)	(0)

注：括号内为显著水平 p 值。

对于同时包含截面和时间固定效应的模型来说，东部地区、中部地区、东北地区、西北地区、西南地区的初始人均收入水平 $\ln(q_{t-T})$ 每提高 1%，对本地区 $\ln(q_{i,t}/q_{i,t-T})/T$ 的变化的影响方向和大小分别为 -0.01794%、-0.11342%、0.00056%、-0.11176%、-0.2137%，其中东北地区的估计结果不显著，其他四大区域的直接效应均表现出收敛的态势。各地区的 $\ln[s/(n+g+\delta)]$ 每提高 1%，对本地区 $\ln(q_{i,t}/q_{i,t-T})/T$ 的变化的影响方向和大小分别为 -0.01405%、-0.03104%、0.00271%、-0.03595%、-0.02614%，均通过 5% 的显著水平检验。空间杜宾模型中因变量和自变量空间滞后项产生的反馈效应的大小可以通过计算表 6-5 中各自变量系数与表 6-9 中各自变量的直接效应的差得到。结果显示，东部地区、中部地区、东北地区、西北地区、西南地区的初始人均收入水平 $\ln(q_t - T)$ 每提高 1%，其周边地区的反馈效应分别为 -0.00094%、0.00045%、-0.131861%、-0.005912%、0.00016%，各地区的 $\ln[s/(n+g+\delta)]$ 每提高 1%，SDM 模型的反馈效应分别为 -0.00114%、-0.00002%、0.015483%、-0.002184%、0.000472%。空间杜宾模型计算得到的各大区域各自变量的间接效应（西北地区除外）和总效应（东部地区、中部地区、西南地区除外）的值因为在统计上不显著，在此不再赘述。

6.5.4 主要结论

本章采用了只含截面固定效应与同时包含截面和时间固定效应

的面板模型，从五大区域的视角对我国的区域经济增长进行空间计量分析，比较了我国经济增长区域间的差异。

①采用不同的模型，空间位置假说在五大区域的验证情况不尽相同。在只含截面固定效应的模型下，五大区域除了西南地区之外，数据分析结果均可以支持全部 4 项假说，而西南地区的数据结果显示不支持假说 H_2 和假说 H_3；在采用同时包含截面和时间固定效应模型时，东北地区和西南地区的结果不支持假说 H_1，中部地区和西南地区的结果不能支持假说 H_4，除中部地区之外，其他四大区域的数据分析结果均支持假说 H_2 和假说 H_3。

②本章分别考察了非空间模型和空间模型中五大区域的经济增长收敛情况，两种模型中，五大区域的经济增长表现略有不同。总体而言，在只含截面固定效应的模型中，所有地区的数据分析结果均不满足收敛态势的必要条件；在同时包含截面和时间固定效应的模型中，除了西北地区之外，其他四大区域均满足收敛态势的必要条件。

第七章　主要结论与研究不足

7.1　主要结论

本书主要从区域经济增长的空间相关性、经济增长收敛分析以及基于空间面板数据模型的区域经济分析等视角，综合分析中国区域经济增长中潜在的空间影响。主要结论如下。

①全国及五大区域区域经济增长收敛性的阶段性变化有所不同，但从总体上而言，这些分析结果基本表明了：改革开放以来，中国区域经济差距整体上呈现出长期上升而近年有所下降的趋势，且具有明显的阶段波动性。

②对全国和五大区域 1992 ~ 2010 年不同时间段区域经济增长空间相关性分析结果的计算和解释，大致可以得出以下结论。

第一，中国地市级人均 GDP 年均增长率除了 1992 ~ 2000 时段内有个别样本出现负值外，其他时段各地市样本的年均增长率均为正值，说明 1992 ~ 2010 年全国各地区的经济发展状况良好，大部分地区都保持着较高的经济增长率；数据表明，具有较高经济增长速度的地市有明显的空间集聚现象；不同地区之间的经济差异也比较明显，中、西部地区的经济增长速度和东部沿海地区相比有明显的差距，但随着国家实施的一系列均衡发展战略，这些差距在逐渐缩小。

第二，从全国来看，全局空间自相关分析结果显示，使用全国和各大区域样本时各地市的人均 GDP 年均增长率均表现出显著的空间自相关，具有明显的空间集聚现象；同时，随着时间的推移，各大区域的全局空间自相关水平有所下降，全局 *Moran* 统计值有所减小；从局部自相关分析来看，3 个时段局部 *Moran* 系数通过 $p \leqslant 0.05$ 显著性水平检验的地市数分别为 71、61、57，局部 *Geary* 系数通过 $p \leqslant 0.05$ 显著性水平检验的地市数分别为 88、71、81。整体上，局部空间集聚模式呈现出由东部沿海地区向中、西部地区转移的趋势。

第三，通过局部 *Moran*、局部 *Geary* 统计伪显著性水平的综合分析，发现具有较快经济增长模式的地市有向西、北方向转移的趋势，且经济增长相对滞后模式的地市有所增加。

③ 在横截面数据环境下，中部省份区域经济增长的空间计量经济分析表明，中部省份区域经济增长的集聚，不但和人力资本及资本投入有关，也对邻近地市的经济增长有一定的空间依赖性，将空间因素纳入回归分析模型，使空间分析模型的整体显著性比之前的 OLS 模型有了较为明显的提高，这种结果改善了模型中解释变量对经济增长的解释力和说服力，并且较为有效地解释了空间因素对中部省份区域经济增长的影响。

④借助索洛－斯旺模型在空间面板数据环境上的拓展，考虑建立只含截面固定效应与同时包含截面和时间固定效应的面板模型，从五大区域的视角对我国的区域经济增长进行空间计量分析，比较我国经济增长的区域间差异。大致可以得出以下结论。

第一，采用不同的模型，空间位置假说在五大区域的验证情况不尽相同，在只含截面固定效应的模型中，五大区域除了西南地区外，数据分析结果均支持全部 4 项假说，而西南地区的数据结果显示不支持假说 H_2 和假说 H_3；在采用同时包含截面和时间固定效应模型时，东北地区和西南地区的结果不支持假说 H_1，中部地区和西南地区的结果不能支持假说 H_4，除中部地区之外，其他四大区域的数据分析结果均支持假说 H_2 和假说 H_3。

第二，分别考察了非空间模型和空间模型中五大区域的经济增长收敛情况。两种模型中，五大区域的经济增长表现略有不同。总体而言，只包含截面固定效应的模型中，所有地区的数据分析结果均不满足收敛态势的必要条件；在同时包含截面和时间固定效应的模型中，除了西北地区之外，其他四大区域均满足收敛态势的必要条件。

7.2 研究不足

本书的研究仍然存在一些值得深入或加以改进的方面，如全国及五大区域经济增长空间结构变化模拟分析的模型参数选择与估计存在一定的难度，目前仍处在探索研究与实证分析相结合的阶段，对有关数据的模型分析结果的解释存在一定的争议和难度。因此在本书中未包括模拟分析。

此外，还需完善基于横截面线性回归模型的中国区域经济增长分析，开展五大区域的比较分析；关注索洛－斯旺模型在空间面板数据环境的拓展分析中需要解决好的时间动态性及空间异质性问题，探讨建立合适的结合时空动态性的空间面板模型，并就有关估计方法及其适用性开展相应的实证研究。

参考文献

[1] Abate G D. "On the Link between Volatility and Growth: A Spatial Econometrics Approach". *Spatial Economic Analysis*, 2016, 11 (1): 27-45.

[2] Anselin L, *Spatial Econometrics: Methods and Models*, Dordrecht: Kluwer Academic, 1988.

[3] Anselin L, "Local indicators of spatial association—LISA," *Geographical Analysis*, 1995, 27 (2): 93-115.

[4] Anselin L, Bao S. "Exploratory Spatial Data Analysis Linking SpaceStat and ArcView." Working Paper. Morgantown, WV: Regional Research Institute, 1996.

[5] Anselin L, Bera A. "Spatial Dependence in Linear Regression Models with an Introduction to Spatial Econometrics." In *Handbook of Applied Economic Statistics*, Edited by A. Ullah and D. E. A. Giles, New York: Marcel Dekker, 1998, pp: 237-289.

[6] Anselin L. "Exploring Spatial Data with GeoDaTM: A workbook." http://sal.uiuc.sdu/defaulf.php, 2005.

[7] Anselin L, "Spatial econometrics in RSUE: Retrospect and prospect," *Regional Science and Urban Economics*, 2007, 37: 450-456.

[8] Anselin L, Gallo L, Jayet J, *Spatial panel econometrics. The econometrics of panel data: fundamentals and recent developments in theory and practice*, Berlin: Springer, 2008.

[9] Arbia G, *Spatial Econometrics. Statistical foundations and applications to regional convergence*, Berlin: Springer, 2006.

[10] Arbia G, "The role of spatial effects in the empirical analysis of regional concentration," *Journal of Geographical Systems*, 2001, 3 (3): 271 – 281.

[11] Arbia G, Kelejian H, "Advances in spatial econometrics," *Regional Science and Urban Economics*, 2010, 40: 253 – 254.

[12] Arnold M, Wied D. "Improved GMM Estimation of Random Effects Panel Data Models with Spatially Correlated Error Components." *Papers in Regional Sciences*, 2014, 93 (1): 77 – 99.

[13] Atkins F, Boyd D. "Convergence and the Caribbean." *International Review of Applied Economics*, 1998, 12 (3): 381 – 396.

[14] Baltagi B H. *Econometric Analysis of Panel Data* (*3rd edition*), Wiley, Chichester, UK., 2005, Pages: 314.

[15] Barro R J. "Economic Growth in a Cross Section Countries." *The Quarterly Journal of Economics*, 1991, 106 (2): 407 – 443.

[16] Barro R J, Lee J-W. "International Comparisons of Educational Attainment," *Journal of Monetary Economics*, 1993, 32 (3): 363 – 394.

[17] Barro R J, Lee J-W. "International Measures of Schooling Years and Schooling Quality," *American Economic Reviews*, 1996, 86 (2): 218 – 223.

[18] Barro R J, Lee J-W. "International Data on Educational Attainment: Updates and Implications," *Oxford Economic Papers*,

2001, 53 (3): 541 -63.

[19] Barro R J, Sala-i-Martin X. "Economic Growth and Convergence across the United States." *NBER Working Paper*, 1990, No. 3419

[20] Barro R J, Sala-i-Martin X. "Convergence." *New Haven Connecticut Yale University Economic Growth Center Jul*, 1991, 100 (1): 223 -251.

[21] Barro R J, Sala-i-Martin X. "Convergence." *Journal of Political Economy*, 1992, 100 (2): 223 -251.

[22] Baumont H et al., "Regional convergence in the European Union (1985 - 1999): A spatial dynamic panel analysis," *Regional Studies*, 2004, 38: 241 -253.

[23] Carluer F, "Dynamics of Russian regional clubs: The time of divergence," *Regional Studies*, 2005, 39 (6): 713 -726.

[24] Carroll M, Reid N, Smith B, "Location quotients versus spatial autocorrelation in identifying potential cluster regions," *The Annals of Regional Science*, 2008, 42 (2): 449 -463.

[25] Cassar A, Nicolini R. "Spillovers and Growth in a Local Interaction Model." *The Annals of Regional Science*, 2008, 42 (2): 291 -306.

[26] Chen fei, Sun Xiangwei. "Analysis on the Changes of Convergence of Regional Economic Growth in China: 1984 - 2010." *Journal of Cambridge Studies*, 2013, 8 (1): 116 -138.

[27] Cliff AD, Ord J K, *Spatial autocorrelation*, London: Pion, 1973.

[28] Cliff AD, Ord J K, *Spatial Processes: Models and applications*, London: Pion, 1981.

[29] Cravo T A, Becher B, Gourlay A. "Regional Growth and SMEs in Brazil: A Spatial Panel Approach," *Regional Studies*, 2014,

49 (12): 1 - 22.

[30] Debarsy N, Ertur C, LeSage J P. "Interpreting Dynamic Space-time Panel Data Models." *Statistical Methodology*, 2012, 9 (1 - 2): 158 - 171.

[31] Dall'erba S, "Distribution of regional income and regional funds in Europe 1989 - 1999: An exploratory spatial data analysis," *Annals of Regional Science*, 2005, 39: 121 - 148.

[32] Dapena A D, Vάzquez, E F, Morollón F R. The Role of Spatial Scale in Regional Convergence: the Effect of MAUP in the Estimation of β-convergence Equations. *The Annals of Regional Science*, 2016, 56 (2): 473 - 489.

[33] Debarsy N, Ertur C, Testing for Spatial Autocorrelation in a Fixed Effects Panel Data Model, *Regional Science and Urban Economics*, 2010, 40: 453 - 470.

[34] De Dominicis L. Inequality and Growth in European Regions: towards a Place-based Approach. *Spatial Economic Analysis*, 2014, 9 (2): 120 - 141.

[35] Durlauf S N, Quah D. The new empirics of economic growth (Chapter 4) [C]. *Handbook of Macroeconomics*, edited by John BT, Michael W, Elsevier, 1999, 1 (99): 235 - 308.

[36] Egger P, Larch M, Pfaffermayr M et al., "Small sample properties of maximum likelihood versus generalized method of moments based tests for spatially autocorrelated errors," *Regional science and Urban economics*, 2009, 39: 670 - 678.

[37] Elhorst P, "Dynamic Models in Space and Time," *Geographical Analysis*, 2001, 33 (2): 119 - 140.

[38] Elhorst P, Piras G, Arbia G, "Growth and convergence in a Mul-

tiregional model with space-time Dynamics," *Geographical Analysis*, 2010, 42: 338 - 355.

[39] Elhorst J P, "Matlab Software for Spatial Panels," *International Regional Science Review*, 2012 (Forthcoming).

[40] Ertur C, Le Gallo J, Baumont C, "The European Regional Convergence Process, 1980 - 1995: Do Spatial Regimes and Spatial Dependence Matter?" *International Regional Science Review*, 2006, 29 (1): 3 - 34.

[41] Ertur C, Koch W, "Regional disparities in the European Union and the enlargement process: an exploratory spatial data analysis, 1995 - 2000," *Annals of Regional Science*, 2006, 40: 723 - 765.

[42] Ertur C, Koch W, "Growth, Technological interdependence and spatial externalities: theory and evidence," *Journal of Applied Econometrics*, 2007, 22 (6): 1033 - 1062.

[43] Ezcurra R, Ríos V. Volatility and Regional Growth in Europe: Does Space Matter? . *Spatial Economic Analysis*, 2015, 10 (3): 344 - 368.

[44] Ezcurra R, Pascual P, Rapun M, "Spatial disparities in the European Union: an analysis of regional polarization," *Annals of Regional Science*, 2007, 41: 401 - 429.

[45] Fingleton B. Theoretical Economic Geography and Spatial Econometrics: Dynamic Perspectives, *Journal of Economic Geography*, 2001, 1 (2): 201 - 225.

[46] Fingleton B, López-Bazo E, "Empirical growth models with spatial effects," *Papers in Regional Science*, 2006, 85 (2): 177 - 198.

[47] Fingleton B. Spatial Autoregression, *Geographical Analysis*, 2009, 41 (4): 385 - 391.

[48] Fischer M M, Stirbock C, "Pan-European regional income growth and club-convergence," *Annals of Regional Science*, 2006, 40: 693 - 721.

[49] Folmer H, "The knowledge production-regional economic growth complex: a framework and topics for future research," *The Annals of Regional Science*, 2005, 39 (4): 631 - 635.

[50] Fotheringham A S, " 'The problem of spatial autocorrelation' and local spatial statistics," *Geographical Analysis*, 2009, 41 (4): 398 - 403.

[51] Gallo J L, Dall'erba S, "Evaluating the Temporal and Spatial Heterogeneity of the European Convergence Process, 1980 - 1999," *Journal of Regional Science*, 2006, 46 (2): 269 - 288.

[52] Gallo J L, Ertur C, "Exploratory spatial data analysis of the distribution of regional per capita GDP in Europe, 1980 - 1995," *Papers in Regional Science*, 2003, 82 (2): 175 - 201.

[53] Garrett T A, Wagner G A et al., "Regional disparities in the spatial correlation of state income growth, 1977 - 2002," *Annals of Regional Science*, 2007, 41: 601 - 618.

[54] Geary R C. The Contiguity Ratio and Statistical Mapping. *The Incorporated Statistician*, 1954, 5 (3), 115 - 127 + 129 - 146.

[55] Getis A, Ord J K, "The analysis of spatial association by the use of distance statistics," *Geographical Analysis*, 1992, 24: 189 - 206.

[56] Getis A, Ord J K. Local Spatial Statistics: An Overview. In *Spatial Analysis: Modeling in a GIS Environment*, Edited by Longley P, et al. Cambridge: GeoInformation International, 1996. 261 - 277.

[57] Getis A, "Reflections on spatial autocorrelation," *Regional Sci-*

ence and Urban Economics, 2007, 37: 491 –496.

[58] Goodchild M F. *Spatial Autocorrelation* (CATMOG 47). Norwich, UK: GeoBooks, 1986.

[59] Griffith D A. Theory of Spatial Statistics. In *Spatial Statistics and Models*, Edited by Gaile G L, Willmott C J. Boston: D. Reidel publishing company, 1984, 1 –15.

[60] Griffith D A, *Spatial Autocorrelation: A primer. Resource Publications in Geography*, Washington: Association of American Geographers, 1987.

[61] Griffith D A. *Advanced Spatial Statistics.* Dordrecht: Kluwer Academic, 1988.

[62] Griffith D A, "A spatially adjusted N-way ANOVA model," *Regional Science and Urban Economics*, 1992, 22: 347 –369.

[63] Griffith D A, Paelinck JHP, "An equation by any other name is still the same: on spatial econometrics and spatial statistics," *Annals of Regional Science*, 2007, 41: 209 –227.

[64] Haining R, "Diagnostics for regression modeling in spatial econometric models," *Journal of Regional Science*, 1994, 34: 325 –341.

[65] Hubert L J. *Assignment Methods in Combinatorial Data Analysis.* New York: Marcel Dekker, 1987.

[66] Islam N, "Growth Empirics: A Panel Data Approach," *The Quarterly Journal of Economics*, 1995, 110 (4): 1127 –1170.

[67] Jones C. "Time Series Test of Endogenous Growth Models." *The Quarterly Journal of Economics*, 1995, 110 (2): 495 –525.

[68] Kato, T. A Further Exploration into the Robustness of Spatial Autocorrelation Specifications. *Journal of Regional Science*, 2008, 48

(3), 615 - 639.

[69] Kelejian H, Prucha I, "A generalized moments estimator for the autoregressive parameter in a spatial model," *International Economic Review*, 1999, 40: 509 - 533.

[70] Kelejian H, Prucha R, "The relative efficiencies of various predictors in spatial econometric models containing spatial lags," *Regional Science and Urban Economics*, 2007, 37: 363 - 374.

[71] Kosfeld R, Eckey H-F et al., "Regional productivity and income convergence in the Unified Germany, 1992 - 2000," *Regional Studies*, 2006, 40 (7): 755 - 767.

[72] Krugman P, Venables A J. Globalization and the Inequality of Nation. *The Quarterly Journal of Economics*, 1995, 110 (4): 857 - 880.

[73] Lambert D M, Xu W and Florax R. Partial Adjustment Analysis of Income and Jobs, and Growth Regimes in the Appalachian Region with Smooth Transition Spatial Process Models. *International Regional Science Review*, 2014, 37 (3): 328 - 364.

[74] Lee Lung-fei, "Best spatial two-stage least squares estimator for a spatial autoregressive model with autoregressive disturbances," *Econometric Reviews*, 2003, 22: 307 - 335.

[75] Lee L-F, "Asymptotic Distributions of Quasi-Maximum Likelihood Estimators for Spatial Autoregressive Models," *Econometrica*, 2004, 72 (6): 1899 - 1925.

[76] Lee Lung-fei, "GMM and 2SLS estimation of mixed regressive, spatial autoregressive models," *Journal of Econometrics*, 2007, 137 (2): 489 - 514.

[77] Lee Lung-fei, Yu Jihai, "Estimation of spatial autoregressive pan-

el data models with fixed effects," *Journal of Econometrics*, 2010, 154 (2): 165 - 185.

[78] Lee Lung-fei, Yu Jihai, "Some recent developments in spatial panel data models," *Regional Science and Urban Economics*, 2010, 40: 255 - 271.

[79] Lee Sang-Il, "A generalized randomization approach to local measures of spatial association," *Geographical Analysis*, 2009, 41 (2): 221 - 248.

[80] LeSage J P, Pace R K. Arc_Mat, "A Toolbox for Using ArcView Shape Files for Spatial Econometrics and Statistics." (in): Egenhofer MJ, Freksa C, Miller HJ (eds). *Geographic Information Science*. Berlin Heidelberg: Springer, 2004. 179 - 190.

[81] LeSage J P, Parent O, "Bayesian model averaging for spatial econometric models," *Geographical Analysis*, 2007, 39 (2): 241 - 267.

[82] LeSage J, Pace RK, *Introduction to Spatial Econometrics*, Taylor & Francis, 2009.

[83] Li Hongfei, Calder C A, Cressie N, "Beyond Moran's I: Testing for spatial dependence based on the spatial autoregressive model," *Geographical Analysis*, 2007, 39 (4): 357 - 375.

[84] Long Gen Ying, "From physical to general spaces: A spatial econometric analysis of cross-country economic growth and institutions," *Annals of Regional Science*, 2005, 39: 393 - 418.

[85] López-Bazo E, "Regional externalities and growth: Evidence from European region," *Journal of Regional Science*, 2004, 44: 43 - 73.

[86] López-Bazo E, Vayá E, Artís M, "Regional externalities and

growth: evidence from European regions," *Journal of Regional Science*, 2004, 44 (1): 43 -73.

[87] Lundberg J, "Using spatial econometrics to analyze local growth in Sweden," *Regional Studies*, 2006, 40 (3): 303 -316.

[88] Mankiw NG, Romer D, Weil DN, "A Contribution to the Empirics of Economic Growth," *The Quarterly Journal of Economics*, 1992, 107 (2): 407 -437.

[89] Matthias A, Dominik W, "Improved GMM estimation of random effects panel data models with spatially correlated error components," *Papers in Regional Science*, 2013, DOI: 10.1111/j.1435 -5957.2012.00472.x

[90] Maurseth, P B. "Convergence, geography and technology." *Structural Change and Economic Dynamics*, 2001, 12 (3): 247 -276.

[91] Miron J, "Spatial autocorrelation in regression analysis: A beginner's guide," *Spatial Statistics And Models*, Edited by Gaile G L, Willmott C J, Boston: D. Reidel publishing company, 1984, pp. 201 -222.

[92] Mohl P, Hagen T, "Do EU structural funds promote regional growth? New evidence from various panel data approaches," *Regional Science and Urban Economics*, 2010, 40: 353 -365.

[93] Moran P A P. "A test for the serial independence of residuals." *Biometrika*. 1950, 37 (1 -2): 178 -181.

[94] Moscone F, Tosetti E, "GMM estimation of spatial panels with fixed effects and unknown heteroskedasticity," *Regional Science and Urban Economics*, 2011, 41: 487 -497.

[95] Ord K. Estimation methods for models of spatial interaction. *Journal of the American Statistical Association*. 1975, 70 (349), 120 -

126.

[96] Ord J K, Getis A, "Local autocorrelation statistics: Distributional issues and an application," *Geographical Analysis*, 1995, 27 (4): 286 - 306.

[97] Ord J K, Getis A, "Testing for local spatial autocorrelation in the presence of global autocorrelation," *Journal of Regional Science*, 2001, 41: 411 - 432.

[98] Parent O, LeSage J P. "A space-time filter for panel data models containing random effects" . *Computational Statistics and Data Analysis*, 2011, 55 (1): 475 - 490.

[99] Pede V O, Florax, R. Holt M T. "Modeling non-linear spatial dynamics: A family of spatial STAR models and an application to U. S. economic growth." *Working Paper* (#09 - 03), *Purdue University*, USA. 2008.

[100] Pede V O, Florax R, Holt M T. "A spatial econometric STAR model with an application to U. S. county economic growth, 1969 - 2003." *Working paper*, *Purdue University*, 2009.

[101] Pede V O, Florax R, Lambert D M. "Spatial econometric STAR models: Lagrange multiplier tests, Monte Carlo simulations and an empirical application." *Regional Science and Urban Economics*, 2014, 49 (c): 118 - 128.

[102] Pfaffermayr M, "The Cliff and Ord Test for Spatial Correlation of the Disturbances in Unbalanced Panel Models," *International Regional Science Review*, 2013, 36 (4): 492 - 506.

[103] Puga D, Venables A J. "The spread of industry, spatial agglomeration and economic development." *Journal of the Japanese and International Economics*, 1996, 10 (4): 440 - 464.

[104] Resende G M, de Carvalho A X Y, Sakowski P A M, Cravo T A. "Evaluating multiple spatial dimensions of economic growth in Brazil using spatial panel data models." *The Annals of Regional Science*, 2016, 56 (1): 1-31.

[105] Rey S. J, Montouri B. D, "US regional convergence: A spatial econometric perspective," *Regional Studies*, 1999, 33: 143-156.

[106] Rey S. J, Anselin L, "Regional science publication patterns in the 1990s," *International Regional Science Review*, 2000, 23: 23-344.

[107] Rey S J. Spatial Analysis of Regional Income Inequality. In M. F. Goodchild andD. G. Jannelle (eds.) Spatially Integrated Social Science, *Oxford University Press*: *Oxford*, pp: 280-299, 2004.

[108] Roberts M, "The growth performances of the GB countries: Some new empirical evidence for 1977-1993," *Regional Studies*, 2004, 38: 149-165.

[109] Rodrı′guez-Pose A, Tselios V. "Toward inclusive growth: Is there regional convergence in social welfare?" *International Regional Science Review*, 2015, 38 (1): 30-60.

[110] Royuela V, García G A. "Economic and social convergence in Colombia." *Regional Studies*, 2015, 49 (2): 219-239.

[111] Smith T E, "Estimation bias in spatial models with strongly connected weight matrices," *Geographical Analysis*, 2009, 41 (3): 307-332.

[112] Sokal R R, Oden N L. "Spatial autocorrelation in Biology: 1. Methodology." *Biological Journal of the Linnean Society*, 1978,

10 (2): 199 – 228.

[113] Sokal R, Oden N, Thomson B et al., "Testing for regional differences in means: Distinguishing inherent from spurious spatial autocorrelation by restricted randomization," *Geographical Analysis*, 1993, 25: 199 – 210.

[114] Solow R M. "A contribution to the theory of economic growth." *The Quarterly Journal of Economics*, 1956, 70 (1): 65 – 94.

[115] Theil H. *Economics and Information Theory*, Amsterdam: North Holland publishing Corporation, 1967.

[116] Trendle B, "Regional economic instability: the role of industrial diversification and spatial spillovers," *The Annals of Regional Science*, 2006, 40 (4): 767 – 778.

[117] Upton G, Fingleton B. "Spatial data analysis by example, Volume 1: Point pattern and quantitative data." *New York*: *Wiley*, 1985.

[118] Vernon Henderson J, "Understanding knowledge spillovers," *Regional Science and Urban Economics*, 2007, 37 (4): 497 – 508.

[119] Yaobin Liu. "Is the natural resource production a blessing or curse for China's urbanization? Evidence from a space-time panel data model." *Economic Modelling*, 2014, 38 (1): 404 – 416.

[120] Yaobin Liu, Yichun Xie. "Measuring the dragging effect of natural resources on economic growth: evidence from a space-time panel filter modeling in China." *Annals of the Association of American Geographers*, 2013, 103 (6): 47 – 66.

[121] Yildirim J, Öcal N, Özyildirim S, "Income Inequality and Economic Convergence in Turkey: A Spatial Effect Analysis," *Inter-*

national Regional Science Review, 2009, 32 (2): 221 - 254.

[122] Yu J, de Jong R, Lee L-f, "Quasi-maximum likelihood estimators for spatial dynamic panel data with fixed effects when both n and T are large," *Journal of Econometrics*, 2008, 146 (1): 118 - 134.

[123] 蔡昉、都阳:《中国地区经济增长的趋同与差异——对西部开发战略的启示》,《经济研究》2000 年第 10 期。

[124] 陈斐、杜道生:《空间统计分析与 GIS 在区域经济分析中的应用》,《武汉大学学报》(信息科学版)2002 年第 27 卷第 4 期。

[125] 陈斐、高志刚、苟中林:《新疆各县市空间经济关联分析初步研究》,《干旱区地理》2003 年第 3 期。

[126] 陈斐、陈秀山:《局部空间统计在区域经济分析中的应用》,《华中师范大学学报(人文社会科学版)》2006 年第 4 期。

[127] 陈斐:《区域空间经济关联模式分析: 理论与实证研究》, 中国社会科学出版社, 2008。

[128] 陈晓玲、李国平:《我国地区经济收敛的空间面板数据模型分析》,《经济科学》2006 年第 5 期。

[129] 程叶青、王哲野、张守志等:《中国能源消费碳排放强度及其影响因素的空间计量》,《地理学报》2013 年第 10 期。

[130] 崔长彬、姜石良、张正河:《河北县域经济影响因素的空间差异分析——基于贝叶斯地理加权回归方法》,《经济地理》2012 年第 32 卷第 2 期。

[131] 樊新生、李小建:《基于县域尺度的经济增长空间自相关性研究——以河南省为例》,《经济经纬》2005 年第 3 期。

[132] 方再根编著《计算机模拟和蒙特卡洛方法》, 北京工业学院出版社, 1998。

[133] 樊新生、李小建：《基于县域尺度的经济增长空间自相关性研究——以河南省为例》，《经济经纬》2005 年第 3 期。

[134] 范闯、刘成杰：《重庆市区县经济增长的空间计量分析》，《地域研究与开发》2014 年第 33 卷第 1 期。

[135] 龚丽芬：《中国地区经济俱乐部收敛的空间计量分析》，厦门大学硕士学位论文，2008。

[136] 郝寿义、郝大江：《基于要素适宜度视角的空间经济增长》，《中南财经政法大学学报》2009 年第 2 期。

[137] 洪国志、胡华颖、李郇：《中国区域经济发展收敛的空间计量分析》，《地理学报》2010 年第 12 期。

[138] 胡鞍钢、邹平：《社会与发展——中国社会发展地区差距研究》，浙江人民出版社，2000。

[139] 梁艳平、钟耳顺、朱建军：《我国省级人均 GDP 增量变化的空间特征分析》，《中南大学学报（社会科学版）》2003 年第 3 期。

[140] 李小建、樊新生：《欠发达地区经济空间结构及其经济溢出效应的实证研究——以河南省为例》，《地理科学》2006 年第 1 期。

[141] 林光平、龙志和、吴梅：《中国地区经济 σ - 收敛的空间计量实证分析》，《数量经济技术经济研究》2006 年第 4 期。

[142] 林毅夫：《发展战略、自生能力和经济收敛》，《经济学》2002 年第 1 期。

[143] 林毅夫、刘培林：《中国的经济发展战略与地区收入差距》，《经济研究》2003 第 3 期。

[144] 林毅夫、刘明兴：《中国的经济增长收敛与收入分配》，《世界经济》2003 第 8 期。

[145] 林毅夫、董先安、殷韦：《技术选择、技术扩散与经济收

敛》,《财经问题研究》2004 年第 6 期。

[146] 刘强:《中国经济增长的收敛性分析》,《经济研究》2001 年第 6 期。

[147] 刘清春:《经济增长中地理要素作用的空间计量经济学分析》,华东师范大学博士学位论文,2007。

[148] 罗仁福、李小建、覃成林:《中国省际经济趋同的定量分析》,《地理科学进展》2002 年第 1 期。

[149] 马国霞、徐勇、田玉军:《京津冀都市圈经济增长收敛机制的空间分析》,《地理研究》2007 年第 3 期。

[150] 孟斌、王劲峰、张文忠、刘旭华:《基于空间分析方法的中国区域差异研究》,《地理科学》2005 年第 4 期。

[151] 覃成林:《中国区域经济增长趋同与分异研究》,《人文地理》2004 年第 3 期。

[152] 覃成林主编《中国区域经济增长分异与趋同》,科学出版社,2008。

[153] 覃成林、刘迎霞、李超:《空间外溢与区域经济增长趋同——基于长江三角洲的案例分析》,《中国社会科学》2012 年第 5 期。

[154] 沈坤荣、耿强:《外商直接投资、技术溢出与内生经济增长——中国数据的计量检验与实证分析》,《中国社会科学》2001 年第 4 期。

[155] 沈坤荣、马俊:《中国经济增长的"俱乐部收敛"特征及其成因研究》,《经济研究》2002 年第 1 期。

[156] 苏良军、王芸:《中国经济增长空间相关性研究——基于"长三角"与"珠三角"的实证》,《数量经济技术经济研究》2007 年第 12 期。

[157] 孙久文、姚鹏:《基于空间异质性视角下的中国区域经济差

异研究》，《上海经济研究》2014 年第 5 期。

[158] 王猛、高波、李勇刚：《经济集聚、空间溢出与城市劳动生产率——基于空间面板模型的实证研究》，《华中科技大学学报》（社会科学版）2015 年第 29 卷第 2 期。

[159] 王鑫磊、陈斐、王海萍：《中部地区经济格局动态演变的空间分析》，《华东经济管理》2012 年第 7 期。

[160] 王洋、修春亮：《1990～2008 年中国区域经济格局时空演变》，《地理科学进展》2011 年第 8 期。

[161] 汪洋、赵万民、郭跃：《GEO-INFO 模式下区域经济空间非均衡态量化侧度——重庆市实证研究》，《中国软科学》2007 年第 9 期。

[162] 魏后凯：《中国地区经济增长及其收敛性》，《中国工业经济》1997 年第 3 期。

[163] 魏后凯主编《现代区域经济学》，北京：经济管理出版社，2006。

[164] 吴玉鸣、徐建华：《中国区域经济增长集聚的空间统计分析》，《地理科学》2004 年第 6 期。

[165] 吴玉鸣：《中国省域经济增长趋同的空间计量经济分析》，《数量经济技术经济研究》2006 年第 12 期。

[166] 吴玉鸣：《中国省域旅游业弹性系数的空间异质性估计——基于地理加权回归模型的实证》，《旅游学刊》2013 年第 28 卷第 2 期。

[167] 武剑、杨爱婷：《基于 ESDA 和 CSDA 的京津冀区域经济空间结构实证分析》，《中国软科学》2010 年第 3 期。

[168] 徐现祥、舒元：《物质资本、人力资本与中国地区双峰趋同》，《世界经济》2005 年第 1 期。

[169] 徐钟济编著《蒙特卡罗方法》，上海：上海科学技术出版社，

1985。

[170] 曾淑婉、刘向东、张宇：《财政支出对区域经济差异变动的时空效应研究——基于动态空间面板模型的实证分析》，《财经理论与实践》2015 年第 36 卷第 1 期。

[171] 张可云、王裕瑾：《区域经济 β 趋同的空间计量检验》，《南开学报》（哲学社会科学版）2016 年第 1 期。

[172] 张建伟、苗长虹、姜海宁：《中国 GDP 偏离度的空间计量经济分析》，《地理科学》2015 年第 35 卷第 5 期。

[173] 张晓旭、冯宗宪：《中国人均 GDP 的空间相关与地区收敛：1978～2003》，《经济学》2008 年第 2 期。

[174] 张馨之、何江：《中国区域经济增长的空间相关性分析：1990～2004》，《软科学》2006 年第 4 期。

[175] 周海燕、吴宏、陈福中：《异质性能源消耗与区域经济增长的实证研究》，《管理世界》2011 年第 10 期。

[176] 朱国忠、乔坤元、虞吉海：《中国各省经济增长是否收敛?》，《经济学季刊》2014 年第 13 卷第 3 期。

[177] 宗茗：《中部省份区域经济增长空间集聚分析》，南昌大学硕士学位论文，2010。

[178] 邹恒甫：《财政、经济增长和动态经济分析》，北京大学出版社，2000。

后　记

本书是在我主持完成的教育部人文社会科学研究项目《中国区域经济增长空间结构调整与收敛性变化研究》（10YJA790015）最终成果及国家自然科学基金项目（41661027）部分相关成果的基础上形成的。

近年来，本人在有关区域经济增长空间分析的研究探索中，对如何结合 ESDA 技术、收敛性分析、空间面板模型等进行了一些思考，并吸收了几次项目申报反馈意见中一些国内同行提出的有价值的中肯意见和建议，逐渐形成了本书的研究思路和基本框架。本人指导的博士生、硕士生参与了书中大部分数据的处理与计算工作，博士生孙向伟参与了第二章、第六章部分内容的撰写工作，硕士生王鑫磊、硕士生宗茗分别参与了第三章、第四章部分内容的撰写工作。

本书从省级、地市级两个空间尺度以及两个时间阶段分析了中国区域经济增长的空间相关性及其动态变化、经济增长的收敛特征，验证并说明了中国区域经济增长的空间影响的显著性及其影响效应。研究结论较好地说明了空间因素或空间位置关系在中国区域经济增长中的作用，也是在中国区域经济增长中的空间影响解释及其拓展分析实证方面做出的一个初步探索。

本书的不少内容还需要在未来的研究中进一步完善，并加强理论、方法与政策的系统性、一致性。例如，在空间影响与经济增长稳态水平的假设及其验证方面，可以考虑结合时间动态性和空间动态性，以增强其学术价值和理论探索意义；在增长的收敛性变化分析中，增强对空间影响的处理与表达，适当完善区域经济增长空间计量经济实证分析框架；等等。希望在未来的探索中，能够得到各位同行的协助和关心，进一步推进区域经济空间分析研究。

本书的写作和出版，得到了南昌大学经济管理学院、社会科学处的支持，得到了南昌大学江西发展升级推进长江经济带建设协同创新中心的支持，得到了研究同仁的大力帮助以及家人的鼓励，并特别感谢长江学者特聘教授刘耀彬博士的关心和帮助。

本书的出版获得了江西省哲学社会科学成果资助出版项目全额资助，也得到了江西省社会科学界联合会社科普及开发管理处与社会科学文献出版社社会政法分社给予的大力支持，特别是文稿编辑赵慧英女士和王莉女士在校稿中提出了大量的、宝贵的修改意见，为本书的出版付出了艰辛的劳动，在此一并表示感谢！

陈　斐

2016 年 10 月 20 日

图书在版编目(CIP)数据

中国区域经济增长中的空间影响研究 / 陈斐著. --
北京：社会科学文献出版社，2017.4
(江西省哲学社会科学成果文库)
ISBN 978-7-5201-0244-5

Ⅰ.①中… Ⅱ.①陈… Ⅲ.①区域经济-经济增长-研究-中国 Ⅳ.①F124.1

中国版本图书馆 CIP 数据核字(2017)第005537号

·江西省哲学社会科学成果文库·
中国区域经济增长中的空间影响研究

著　　者 / 陈　斐

出 版 人 / 谢寿光
项目统筹 / 王　绯　周　琼
责任编辑 / 赵慧英　王　莉

出　　版 / 社会科学文献出版社·社会政法分社(010)59367156
地址：北京市北三环中路甲29号院华龙大厦　邮编：100029
网址：www.ssap.com.cn
发　　行 / 市场营销中心(010)59367081　59367018
印　　装 / 三河市尚艺印装有限公司

规　　格 / 开　本：787mm×1092mm　1/16
印　张：12.25　字　数：155千字
版　　次 / 2017年4月第1版　2017年4月第1次印刷
书　　号 / ISBN 978-7-5201-0244-5
定　　价 / 58.00元